I carved you on the Palm of my Hands

Jesaja 49, 16

Tattoo und Christentum

Was sagt die Bibel?

Eine Antwort auf die Frage,
ob sich Christen tätowieren dürfen

Bibliografische Information der Deutschen Nationalbibliothek:
Die Deutsche Nationalbibliothek verzeichnet diese Publikation in der Deutschen Nationalbibliografie; detaillierte bibliografische Daten sind im Internet über http://dnb.dnb.de abrufbar.

TWENTYSIX
Eine Marke der Books on Demand GmbH

© 2021 Antonia Katharina Tessnow

Herstellung und Verlag:
BoD – Books on Demand, Norderstedt

ISBN: 978-3-740-78706-6

Autor: Antonia Katharina Tessnow

www.antonia-katharina.de

Inhaltsverzeichnis

Tätowierungen - oder: Eine Sache von Gut und Böse 7

Teil I

Das alte levitische Gesetz im Alten Bund 9
Markierungen als Zeichen der Zugehörigkeit 13
Weitere Verse und Beispiele 17
Beispiele für Ritzungen als Zeichen der Trauer 19

Teil II

Der Alte und der Neue Bund 24
Was wird von den Nachfolgern Christi erwartet? 28
Weitere Bibelverse über Tattoos 39
Wie gehen wir mit Andersdenkenden um? 42
Schlussfolgerung 56

Teil III

Tattoo oder nicht Tattoo - Das ist hier die Frage 59
Die Auswahl deines Tattoos 62
Fragen, die du dir stellen solltest 64
Kontraindikationen für ein Tattoo 66
Was soll ich tun, wenn ich ein gottloses
oder gar gotteslästerliches Tattoo habe? 70
Vergebung 75
Schluss 77

Tätowierungen - oder:
Ein Sache von Gut und Böse

Die landläufige Meinung unter Christen ist, dass Tätowierungen etwas Böses sind, etwas Verbotenes, etwas, dass ein Christ auf gar keinen Fall haben sollte. Ja, für manchen ist Tätowieren nicht nur verboten, sondern gar Sünde, die unweigerlich die ewige Verdammnis nach sich zieht.

Doch ist das tatsächlich so?

Und was passiert, wenn wir diese Meinung nicht teilen und es anders sehen?

Entscheidend an dieser Stelle ist es nicht, was ich oder der andere meint, sondern was Gott dazu sagt; und diese Frage kann uns allein die Bibel beantworten.

Dieses kleine Büchlein soll keine Belehrung sein, sondern lediglich eine sachliche Bearbeitung und Aufarbeitung der Sicht der Bibel auf Tattoos wiedergeben. Nach viel Recherche bin ich nämlich darauf gestoßen, dass das Thema der Tätowierungen in der Bibel bei weitem nicht so eindimensional betrachtet werden kann, wie oftmals dargestellt.

Deshalb sollen die folgenden Kapitel dazu beitragen, etwas mehr Licht in das Dunkel dieses Themas zu bringen und im weiteren dazu anregen, selbst die Bibel zu lesen und selbstständig Recherchen anzustellen.

Teil I

Das alte levitische Gesetz im Alten Bund

Wenn in christlichen Kreisen über das Verbot, sich tätowieren zu lassen, gesprochen wird, gibt es vorrangig eine Stelle aus dem 3. Buch Mose, auch Leviticus genannt, welche viel und gern als einzig gültige Referenz herangezogen wird.

Leviticus 19, 28

Ihr sollt kein Mal um eines Toten willen an eurem Leibe reißen noch Buchstaben an euch ätzen; denn ich bin der HERR.
(Luther 1545)

Und ihr sollt euch keine Einschnitte machen an eurem Leib eines Toten wegen, und ihr sollt euch keine Zeichen einritzen. Ich bin der HERR.
(Züricher)

You shall not make any cuttings in your flesh for the dead, nor tattoo any marks on you: I am the Lord.
(New King James Version)

Do not cut your bodies for the dead or put tattoo marks on yourselves. I am the Lord.
(New International Version)

Und einen Einschnitt wegen eines Toten sollt ihr an eurem Fleisch nicht machen; und geätzte Schrift sollt ihr an euch nicht machen. Ich bin der HERR.
(Elberfelder)

And cuttings for a dead person shall ye not make in your flesh, nor put any tattoo writing upon you: I am Jehovah.
(Darby)

Ja, dieses Gesetz ist hier aufgeführt. Dennoch - so meine ich - ist es weder ehrlich und noch die ganze Wahrheit, lediglich diesen einen Vers anzuschauen und damit das gesamte Thema der Tätowierungen abdecken zu wollen.

Im Alten Testament gab es mehr als 500 Gesetze. Dem 28. Vers im 3. Buch Mose gehen folgende Verse voraus:

26 Ihr sollt nichts mit Blut essen. Ihr sollt weder Wahrsagerei noch Zauberei treiben.
27 Ihr sollt den Rand eures Haupthaares nicht rundum abschneiden, auch sollst du den Rand deines Bartes nicht beschädigen.

Wenn man die Gesetze aus den Büchern Mose also als Referenz dafür hernimmt, was wir heute dürfen und was wir alles nicht dürfen, und man sich hierauf bezieht, dann muss man aber auch wirklich *alle* Gesetze des Alten Testamentes nehmen und sein Leben daran orientieren. Das betrifft in logischer Konsequenz - laut den levitischen Gesetzen - auch die Art, sein Haar zu schneiden, seinen Bart zu tragen, die Art, seine Kleidung zu tragen, die Art, Feiertage zu halten, und die Vorschriften hören noch lange nicht bei dem auf, was man alles beim Essen beachten muss.

Darum muss hier unbedingt betont werden: Das Alte Testament wurde vorrangig für das jüdische Volk zu dieser Zeit geschrieben, und zweitrangig für alle anderen. Hunderte Jahre später kam Christus, um das von Gott gegebene Gesetz zu erfüllen und es damit aufzuheben. Nach Beendigung seiner Mission sandte er das Evangelium - die Botschaft des Friedens - in die ganze Welt zu allen Menschen, an dem wir Christen uns heute orientieren. Im Alten Testament war das Gesetz das Wichtigste; im Neuen das Gewissen.

Das Alte Testament dagegen ist voll mit Gesetzen. Und es gab sehr unterschiedliche Gesetze. Diese unterteilten sich in

Zivile Gesetze - Diese bezogen sich darauf, wie die Nation Israel als Ganzes organisiert wurde, sowie auf das Verhältnis des Einzelnen zu dem Regenten - Gott. Später denn dem König.
Diese Gesetze wurden mit dem Kommen Jesu erfüllt.

Zeremonielle Gesetze - Hier ging es unter anderem um die Priesterschaft, den Opferdienst und den Gottesdienst im Tempel.
Jesus war das Opfer Gottes, mit dem er die Sünden der Menschen sühnte.

Moralische Gesetze - Solche finden wir im Alten und im Neuen Testament. Viele der moralischen Gesetze, die im Alten Testament beschrieben sind, wurden im Neuen Testament aufgegriffen und übernommen. Ein bekanntes Beispiel sind die 10 Gebote.

In beiden Büchern wird zum Beispiel Lügen, Morden und Stehlen verboten.

Vieles ist jedoch durch das Neue Testament dem Gewissen des einzelnen Menschen überlassen worden, unter dem höchsten Gebot der Liebe zueinander.

Wenn in alter Zeit ein Heide zum Glauben an den Gott Israels kam, war er nicht dazu aufgefordert, den mosaischen Gesetzen (den Gesetzen, die Gott durch Mose gegeben hatte) explizit und bis in alle Einzelheiten Folge zu leisten. Er musste nicht zwangsläufig ins gelobte Land ziehen und sich unter das Gesetz stellen. Er sollte lediglich all seinen Götzen, irreführenden Idolen sowie jeglichem Satanismus abschwören, und sich vollkommen zu dem Schöpfer von Himmel und Erde bekennen.

Solltest Du also gläubiger Jude sein, und dich unter dem Gesetze des Alten Testaments stehend begreifen - oder auch als Christ meinen, unter dem Gesetz des Alten Testaments zu stehen - wäre ein Studium und das Befolgen der entsprechenden Gesetze sicher ratsam.

Doch auch dann darf nicht außer Acht gelassen werden, was *ganz genau* in den Versen steht, auf die sich diese Ausführungen bisher beziehen.

Und ihr sollt euch keine Einschnitte machen an eurem Leib eines Toten wegen, und ihr sollt euch keine Zeichen einritzen. Ich bin der HERR.

Markierungen als Zeichen der Zugehörigkeit

Es gab Bräuche und Rituale der heidnischen Völker, die beinhalteten, sich zu ritzen oder Markierungen in seine Haut einzubringen.

Einerseits gab es das Ritual, sich als Zeichen der Trauer um einen Toten zu ritzen. Zudem gab es die Praxis, die Toten zu verehren und anzurufen, zu der ebenfalls die Haut geritzt oder Markierungen gesetzt wurden. Eine Tätowierung zu ehren eines Götzen oder im Zuge heidnischer, oder auch satanistischer Rituale zu stechen, ist bis heute nichts, was Gott durch die Heilige Schrift legitimiert.

Des weiteren charakterisierte das Tattoo im Alten Testament die Zugehörigkeit zu einer bestimmten Gottheit; hat sich damals ein Mensch tätowieren lassen, dann vor allem, um der Welt zu zeigen, dass er diesem oder jenem Götzen - von ihnen auch Götter genannt - angehört. Die Markierung galt also als ein Zeichen dessen, zu wem man gehörte.

Wenn zum Beispiel ein Diener begann, unter einem neuen Herren zu dienen, würde er sein Ohr durchstochen bekommen - als Zeichen der Zugehörigkeit zu einem bestimmten Herren. Im Grunde ist es eben das, was wir tun, wenn wir uns Ohrringe stechen lassen. Trotzdem ist es nicht das selbe. Wir symbolisieren mit unseren Ohrringen ja nicht, dass wir einem bestimmten Menschen unterstellt sind, sondern sie sind schlicht Schmuck.

Doch auch dies ist unter 'Ritzen der Haut' im alttestamentlichen Sinne zu verstehen.

Heute hat Ritzen der Haut - wie das Stechen von Ohrlöchern - für uns eine andere Bedeutung und es ist auch unter Christen gang und gäbe, Ohrringe zu tragen.

Den Israeliten war dieses - jedenfalls als Zeichen der Zugehörigkeit zu jemandem oder etwas - verboten, denn sie gehörten allein zu Gott. Demnach war es selbstverständlich, dass sie weder die Rituale noch die Praxis der Heiden übernehmen sollten, keine Toten verehrten, und auch nicht die heidnische Zugehörigkeit zu anderen Herren oder Göttern teilten, geschweige denn sich dies als Zeichen in die Haut ritzten.

Können Christen denn ein Tattoo haben?

Leviticus 19, 28 beantwortet diese Frage nicht.

Gibt es noch weitere Bibelstellen, welche das Ritzen der Haut verbieten?

Nicht explizit. Es gibt jedoch noch ein weiteres Gesetz im 3. Buch Mose, welches sich auf die Berührung mit Blut bezieht:

Leviticus 21, 1 - 5

Weiter gebot der HERR dem Mose: 'Teile den Priestern, den Söhnen Aarons, folgende Verordnungen mit: (Ein Priester) darf sich unter seinen Volksgenossen an keiner Leiche verunreinigen; nur an seinen nächsten Blutsverwandten, nämlich an seiner Mutter und seinem Vater, an seinem Sohn und seiner Tochter und seinem Bruder, auch an seiner Schwester, wenn sie noch Jungfrau ist und ihm darum nahesteht und noch keinem Manne angehört hat – an dieser darf er sich verunreinigen.
 Er darf sich nicht als Gatte unter seinen Volksgenossen verunreinigen, so daß er dadurch entweiht würde. Sie dürfen sich an ihrem Haupt keine Glatze scheren und den Rand ihres Bartes nicht stutzen und sich keine Einschnitte in ihren Leib machen.

Solange man also als Israelit unter dem Gesetz stand, welches ihnen Gott durch Mose gegeben hatte, und zudem Priester war, machte man sich keine 'Einschnitte in den Leib'. Einerseits galt es als ein Ritual der Totenverehrung und der Verbundenheit mit einem Toten, andererseits galt ihnen Blut als unrein. Dies ist ein weiterer Aspekt, dem hier Rechnung getragen werden sollte; denn beim Tätowieren fließt Blut.

Bestimmte Rituale entweihten also die Priester.

Andererseits gab es die Beschneidung, welche sogar befohlen wurde. Doch dies war unter den Israeliten als etwas Positives angesehen, etwas, das von Gott verlangt wurde und ihre Zugehörigkeit allein zu dem Volk der Kinder Gottes symbolisierte. Auch hier wurde Haut geschnitten und Blut ist geflossen. Doch die Zugehörigkeit, zu welcher die Beschneidung ein Zeichen war, war eine andere.

Dieses Ritual erinnerte die Israeliten, dass sie allein zu Gott gehörten.

Weitere Verse und Beispiele

5. Mose 14, 1

'Ihr seid Söhne für den HERRN, euren Gott; darum dürft ihr euch wegen eines Toten keine Einschnitte ins Fleisch machen und euch über der Stirn nicht kahlscheren.'

Auch hier steht dies im Zusammenhang mit dem Schneiden des Haares, und dies beides wiederum bezieht sich darauf, es *wegen eines Toten* zu tun.

Viele Menschen werden sehr emotional, wenn es um den Tod eines ihnen nahestehenden Menschen oder Tieres geht. In diesem Zusammenhang habe ich selbst erlebt, wie Freunde von mir auf die Idee kamen, sich Namen von Verstorbenen tätowieren zu lassen.
Nicht ohne Grund antwortete Jesus einem seiner Jünger, überliefert in **Matthäus 8, 22**, *'Lass die Toten ihre Toten begraben und folge Du mir nach'*.

Nicht nur im Alten, sondern auch im Neuen Testament, sollte der Fokus der Menschen auf dem Leben und den Lebenden liegen, und nicht auf den Toten.

1. Könige 18, 28

Hintergrund: Hier wird beschrieben, wie Elisa vor dem damaligen König steht und Gott anruft, um vor allen anwesenden Menschen, die selbstgemachte Götzen

verehrten, Gottes Allmacht sichtbar zu machen.
 Auch die falschen Propheten versuchten, ihre Götter anzurufen und sie dazu zu bringen, zu antworten. In ihrem Anbetungswahn begannen sich die Menschen, die Haut aufzuritzen.

Da riefen sie mit lauter Stimme und ritzten sich, wie es bei ihnen Brauch war, mit Messern und mit Spießen, bis das Blut an ihnen herabfloss.

 Die Götzendiener zu dieser Zeit hatten den Brauch, sich in er Anrufung ihrer Götzen selbst zu ritzen, bis Blut floss. Dies galt als eine Art Opferritus. Auch im Zuge satanischer Anbetungen war dies üblich. Bis heute werden in Kreisen, die götzendienerischen Kulten sowie dem Satanismus huldigen, solche Praktiken angewandt. Bis heute verehren Anhänger solcher Kulte Tote, den Tod, Blut, ritzen und verletzen sich bei ihren Ritualen und Messen, bis hin zu Vergewaltigungen, Abtreibungen und Tötungen.
 Es muss wohl nicht extra hervorgehoben werden, dass diese Praktiken von jedem, der an den in der Bibel offenbarten Gott glaubt, und jedem Christen, der Jesus nachfolgt, strikt abzulehnen sind.

(1) Kurzeinschub Satanismus

 Diese in den Büchern Mose erwähnten Ritzungen haben die Götzenanbeter und damaligen Satanisten quasi für die Toten gemacht, damit die Götter der Unterwelt Gefallen an den Seelen ihrer Liebsten fanden. Zu diesem Zweck erbrachten sie auch Blutopfer.

Beispiele für Ritzungen als Zeichen der Trauer

Jeremia 16, 6

So sollen sie denn in diesem Lande sterben, groß und klein, ohne bestattet zu werden, und niemand wird um sie trauern noch sich blutig ritzen oder sich ihretwegen kahl scheren.

Jeremia 41, 4 - 5

Und es geschah am zweiten Tag, nachdem er Gedalja getötet hatte, als noch niemand davon wusste, da kamen Leute von Sichem, von Silo und von Samaria, achtzig Mann, die den Bart abgeschoren und die Kleider zerrissen und sich die Haut geritzt hatten.

Jeremia 48, 36 - 37

Deshalb klagt wie Flötenklage mein Herz um Moab und klagt wie Flötenklage mein Herz um die Leute von Kir-Heres. Deshalb sind die Ersparnisse, die es gemacht hat, auch verloren.

Ja, jedes Haupt ist kahl und jeder Bart abgeschoren. Auf allen Händen sind Ritzwunden, und Sacktuch ist an den Hüften.

Doch es gibt auch andere Beispiele im Alten Testament für Markierungen. So versah Gott zum Beispiel Kain mit einem Zeichen, damit niemand ihn erschlüge.

Genesis 4, 15

Der HERR aber sprach zu ihm: Fürwahr, wer immer Kain erschlägt, soll siebenfach der Rache verfallen. Und der HERR versah Kain mit einem Zeichen, damit ihn nicht erschlage, wer auf ihn träfe.

Gott hat eine Markierung an Kain gesetzt, damit man ihn erkennen konnte. Das, was hier am ehesten in Frage kommt, ist sicher eine Art Tätowierung, da hier von einem permanenten Zeichen die Rede ist, das nicht mehr wegging und alle sehen konnten. In diesem Kontext ist die permanente Markierung, die Kain erhielt, eine positive Sache, die Gott selbst vorgenommen hatte. Zudem wurde diese Markierung Kain gegeben, um ihn zu beschützen und alle Welt wissen zu lassen, dass er unter Gottes Schutz steht.

Es ist nicht das einzige Mal, wo Gott Menschen markiert, um sie zu beschützen. So heißt es in

Hesekiel 9, 4

Und der HERR sprach zu ihm: Schreite mitten durch die Stadt, mitten durch Jerusalem, und mache ein Taw-Zeichen auf die Stirn der Männer, die seufzen und stöhnen über all die Abscheulichkeiten, die in ihr begangen werden.

Auch hier wird das setzen eines Zeichens direkt von Gott angeordnet, eine Markierung, die alle sehen können, um Menschen zu beschützen.

Sogar im Neuen Testament, in der **Offenbarung des Johannes**, finden wir im **7. Kapitel** hierzu einen Vers:

***3** 'Richtet kein Unheil auf der Erde und auf dem Meere und an den Bäumen an, bis wir die Knechte unseres Gottes mit einem Siegel auf ihrer Stirn bezeichnet haben!'*

Und selbstverständlich gibt es in der **Offenbarung** eine weitere Stelle, in der von einer Markierung die Rede ist. Und zwar im **Kapitel 13**: Dies spricht von dem berühmten Malzeichen des Tieres.
Im gleichen Buch ist also gleich von zwei unterschiedlichen Markierungen die Rede. Die eine Markierung setzte Gott an die Menschen, die ausgespart werden sollen von dem großen Leid und dem großen Gericht. Die andere Markierung spricht von einer Markierung, welche die Menschen annehmen werden, damit sie in Zukunft kaufen und verkaufen können und sich damit praktisch dem antichristlichen System unterwerfen.

Offenbarung 13, 16

Weiter bringt es alle, die Kleinen wie die Großen, die Reichen wie die Armen, die Freien wie die Sklaven, dazu, sich ein Malzeichen an ihrer rechten Hand (Arm) oder an ihrer Stirn anzubringen, und niemand soll etwas kaufen oder verkaufen dürfen, der nicht das Malzeichen an sich trägt, nämlich den Namen des Tieres oder die Zahl (Zahlenwert) seines Namens.

(2) Anmerkung zur Offenbarung

Es ist demnach nicht eine Markierung an sich, die gut oder schlecht ist, sondern wer hat sie gesetzt und aus welchem Grunde hat man sie? Was bedeutet diese Markierung? Für was steht sie? Was hat diese Markierung für eine Aussage? Und zu was legitimiert mich diese Markierung gegebenenfalls?

All dies sind Fragen, die man dringend bedenken muss.

Das Konzept einer Tätowierung hatte also selbst im Alten Testament nicht immer und ausschließlich den Charakter des Verbotenen und Schändlichen. Hier muss unterschieden werden, worum es sich bei einer Markierung handelt. Das eine ist nicht gleich das andere und Markierung ist nicht gleich Markierung.

Teil II

Der Alte und der Neue Bund

Jesus kam, um das Gesetz zu erfüllen.

Lange habe ich nicht verstanden, was das bedeuten soll. Ein amerikanischer Prediger brachte dann folgendes Beispiel:

Solange wir in der Schule sind, leben wir unter bestimmten Regularien: Es gibt gewisse Zeiten, an denen wir im Klassenzimmer zu erscheinen haben; es gibt einen bestimmten Lernstoff, zu dem wir Hausarbeiten zu erledigen haben; es gibt Tests und Prüfungen, auf die wir uns vorbereiten und die wir bestehen müssen, um in die nächst-höhere Klassenstufe zu kommen.
Haben wir jedoch einmal die Schule abgeschlossen, gelten all diese Regularien für uns nicht mehr.

Christus kam als die Erfüllung des Gesetzes. Er kam also, um alles zu erfüllen, was Gott den Menschen bis zu diesem Zeitpunkt als Gesetze und Regularien von außen auferlegt hatte. Christus hat quasi die Schule für uns alle abgeschlossen und auch die letzte uns gestellte Aufgabe vollständig erfüllt.

Für uns Christen ist es demnach so, dass wir nicht mehr unter dem Alten Bund leben - also unter dem Gesetz des Alten Testaments - sondern unter dem Neuen Bund - also unter der Gnade Christi.

Vorhaltungen, Angriffe und Verurteilungen gegen Menschen, die Tätowierungen tragen, beziehen sich daher auf die Verbote aus dem Gesetz des Alten Testaments, die heute für uns jedoch nicht mehr gelten - worüber sich viele nicht einmal bewusst sind.

Darum ist es elementar, dass wir uns darüber klar werden, was das Altes Testament und seine Gesetze für uns bedeuten, die wir doch nun in Christus sind.

Durch Christus kam die Aufhebung des alten, levitischen Gesetzes.

Epheser 2, 13 - 15

Jetzt aber, in Christus Jesus, seid ihr, die ihr einst weit weg wart, ganz nahe durch das Blut Christi. Denn er ist unser Friede, er hat aus den beiden eins gemacht und die Wand der Feindschaft, die uns trennte, niedergerissen durch sein Leben und Sterben.
Das Gesetz mit seinen Geboten und Bestimmungen hat er aufgehoben, um die beiden in seiner Person zu einem einzigen, neuen Menschen zu erschaffen und Frieden zu stiften

Hier müssen wir uns entscheiden, wo wir stehen - stellen wir uns unter das Gesetz des Altes Testaments, mit all seiner Konsequenz, wie in den vorigen Kapiteln beschrieben? Oder verstehen wir uns als Christen, lebend unter der Gnade Jesu, der diese Gesetzte zu einem Ende gebracht hat?

Dies bedeutet natürlich nicht, dass für uns *keine* Gesetze mehr gelten. Viele der moralischen Gesetze wurden im Neuen Testament ja übernommen. In Jesus Christus jedoch stehen wir vor allem unter dem Gesetz der Nächstenliebe.

Matthäus 22, 35 - 39

Und in der Absicht, ihn auf die Probe zu stellen, fragte ihn einer von ihnen, ein Gesetzeslehrer: 'Meister, welches Gebot ist das höchste im Gesetz?'
Er sagte zu ihm: 'Du sollst den Herrn, deinen Gott, lieben mit deinem ganzen Herzen und mit deiner ganzen Seele und mit deinem ganzen Verstand. Dies ist das höchste und erste Gebot. Das zweite aber ist ihm gleich: Du sollst deinen Nächsten lieben wie dich selbst. An diesen beiden Geboten hängt das ganze Gesetz und die Propheten.'

Römer 10, 4

Denn dem Gesetz hat Christus ein Ende gemacht, damit jeder, der da glaubt, zur Gerechtigkeit gelange.

Kolosser 2, 13 - 17

Auch euch, die ihr durch eure Übertretungen und den unbeschnittenen Zustand eures Fleisches (einst) tot waret, auch euch hat Gott zusammen mit ihm lebendig gemacht, indem er uns alle Übertretungen aus Gnaden vergeben hat, dadurch, daß er den durch seine Satzungen gegen uns lautenden Schuldschein, der für unser Heil ein Hindernis bildete, ausgelöscht und ihn weggeschafft hat, indem er ihn ans Kreuz heftete.

Nachdem er dann die Mächte und die Gewalten völlig entwaffnet hatte, stellte er sie öffentlich zur Schau und triumphierte in ihm über sie.
Darum soll niemand um Speisen und Getränke willen oder in bezug auf Fest- oder Neumondsfeier oder Sabbate absprechende Urteile über euch abgeben; diese Dinge sind ja doch nur der Schatten von dem in der Zukunft Kommenden; das leibhaftige (das eigentliche) Wesen dagegen gehört Christus an (ist in Christus zur Verwirklichung gelangt).
(Menge)

Kolosser 2, 18 - 19

Lasst eure Rettung deshalb von niemandem in Frage stellen. Schon gar nicht von solchen Leuten, die sich in falsch verstandener Demut gefallen, Engel zu verehren, und sich dabei stolz auf ihre Visionen berufen! Diese Menschen haben nicht den geringsten Grund, sich derart aufzuspielen. Sie drehen sich ja doch nur um sich selbst und halten sich nicht mehr an Christus, der doch das Haupt der Gemeinde ist. Denn nur von ihm her kann die Gemeinde als sein Leib zusammengehalten werden und – gestützt durch die verschiedenen Gelenke und Bänder – so wachsen, wie Gott es will.
(Hoffnung für Alle)

Lasst es also nicht zu, verurteilt zu werden oder gar andere zu verurteilen. Denn wenn es etwas gibt, das nicht in Christi Sinne ist, dann ist es die Feindschaft und Uneinigkeit untereinander.

Was wird von den Nachfolgern Christi erwartet?

Ein Hinweis auf eine mögliche Antwort ist in dem 15. Kapitel der Apostelgeschichte zu finden:

Da trugen einige (Gläubige), die aus Judäa (nach Antiochia) herabgekommen waren, den Brüdern die Lehre vor: 'Wenn ihr euch nicht nach mosaischem Brauch beschneiden laßt, könnt ihr die Rettung nicht erlangen!'

Als nun dadurch eine Aufregung (in der Gemeinde) und ein heftiger Streit zwischen diesen Männern und Paulus und Barnabas entstanden war, faßte man den Beschluß, Paulus und Barnabas nebst einigen anderen aus ihrer Mitte sollten wegen dieser Streitfrage zu den Aposteln und Ältesten nach Jerusalem hinaufziehen. Diese wurden also von der Gemeinde feierlich entlassen und reisten dann durch Phönizien und Samarien, wobei sie (überall) von der Bekehrung der Heiden berichteten und dadurch allen Brüdern große Freude bereiteten.

Nach ihrer Ankunft in Jerusalem wurden sie von der Gemeinde und von den Aposteln und den Ältesten empfangen und berichteten alles, was Gott durch sie vollführt hatte. Da traten einige, die zu der Partei der Pharisäer gehört hatten und gläubig geworden waren, mit der Forderung auf, man müsse (die Heidenchristen) beschneiden und von ihnen die Beobachtung des mosaischen Gesetzes verlangen.

So traten denn die Apostel und die Ältesten zur Beratung über diese Frage zusammen. Nachdem nun eine lange, erregte Erörterung stattgefunden hatte, stand Petrus auf und sprach zu ihnen:

'Werte Brüder! Ihr wißt, daß Gott schon vor längerer Zeit mich in eurem Kreise dazu erwählt hat, daß die Heiden durch meinen Mund das Wort der Heilsbotschaft vernehmen und so zum Glauben kommen sollten. Und Gott, der Herzenskenner, hat selbst Zeugnis für sie dadurch abgelegt, daß er ihnen den heiligen Geist gerade so verliehen hat wie uns: er hat keinen Unterschied zwischen uns und ihnen gemacht, indem er ihre Herzen durch den Glauben gereinigt hat. Warum versucht ihr also jetzt Gott dadurch, daß ihr den Jüngern ein Joch auf den Nacken legen wollt, das weder unsere Väter noch wir zu tragen vermocht haben?

Nein, durch die Gnade des Herrn Jesus glauben wir auf dieselbe Weise die Rettung zu erlangen wie jene auch.'

Da schwieg die ganze Versammlung still und schenkte dem Barnabas und Paulus Gehör, die einen Bericht über alle die Zeichen und Wunder erstatteten, die Gott unter den Heiden durch sie getan hatte.

Als sie damit zu Ende waren, nahm Jakobus das Wort zu folgender Ansprache:

"Werte Brüder, hört mich an! Symeon hat berichtet, wie Gott selbst zuerst darauf bedacht gewesen ist, ein Volk aus den Heiden für seinen Namen zu gewinnen. Und damit stimmen die Worte der Propheten überein; denn es steht geschrieben (Am 9,11-12): 'Hierauf will ich umkehren und die zerfallene Hütte Davids wieder aufbauen; ich will ihre Trümmer wieder aufrichten und sie selbst neu erstehen lassen, damit die Menschen, welche übriggeblieben sind, den Herrn suchen, auch alle Heiden, die mir als mein Volk zu eigen gehören, spricht der Herr, der dieses vollbringt, wie es von Ewigkeit her kund geworden ist.'

Deshalb bin ich meinerseits der Ansicht, man solle denen, die aus der Heidenwelt sich zu Gott bekehren, keine (unnötigen) Lasten aufbürden, sondern ihnen nur die Verpflichtung auferlegen, sich von der Verunreinigung durch die Götzen, von der Unzucht, vom Fleisch erstickter Tiere und vom (Genuß von) Blut fernzuhalten. Denn Mose hat seit alten Zeiten in jeder Stadt seine Verkündiger, weil er ja in den Synagogen an jedem Sabbat vorgelesen wird."

Hierauf beschlossen die Apostel und die Ältesten im Einvernehmen mit der ganzen Gemeinde, Männer aus ihrer Mitte zu wählen und sie mit Paulus und Barnabas nach Antiochia zu senden, nämlich Judas mit dem Beinamen Barnabbas und Silas, zwei Männer, die unter den Brüdern eine führende Stellung einnahmen.

Durch diese ließen sie folgendes Schreiben überbringen:

'Wir Apostel und Älteste senden als Brüder unseren Brüdern, den Heidenchristen in Antiochia, Syrien und Cilicien, unsern Gruß.

Da wir vernommen haben, daß einige aus unserer Mitte zu euch gekommen sind und euch durch Reden beunruhigt und eure Seelen in Aufregung versetzt haben, ohne daß sie einen Auftrag dazu von uns erhalten hatten, so haben wir in einer Versammlung den einmütigen Beschluß gefaßt, Männer zu erwählen und zu euch zu senden zusammen mit unserm geliebten Barnabas und Paulus, zwei Männer, die ihre Seele für den Namen unsers Herrn Jesus Christus eingesetzt haben. Wir haben also Judas und Silas abgesandt, die euch dasselbe auch noch mündlich mitteilen werden.

Es ist nämlich des heiligen Geistes und unser Beschluß, euch keine weitere Last aufzubürden als folgende Stücke, die unerläßlich sind: daß ihr euch vom Götzenopferfleisch, vom Blutgenuß, vom Fleisch erstickter Tiere und von Unzucht fernhaltet. Wenn ihr euch davor bewahrt, werdet ihr euch gut dabei stehen. Gehabt euch wohl!'

So wurden diese denn verabschiedet und kamen nach Antiochia, wo sie die Gemeinde beriefen und das Schreiben übergaben.

Als jene es gelesen hatten, freuten sie sich über den tröstlichen Zuspruch.

Judas aber und Silas, welche Propheten waren, spendeten auch ihrerseits den Brüdern durch viele Ansprachen Zuspruch und stärkten sie (im Glauben). Nachdem sie dann einige Zeit dort zugebracht hatten, wurden sie von den Brüdern in Frieden wieder zu ihren Auftraggebern entlassen. Silas aber entschloß sich, dort zu bleiben. Paulus und Barnabas blieben dann in Antiochia, indem sie das Wort des Herrn lehrten und die Heilsbotschaft mit noch vielen anderen verkündigten.

Christus hat das Gesetz erfüllt. So wandeln wir nicht mehr unter dem Gesetz des Alten Testaments, sondern unter einem neuen Gesetz, einem höheren Gesetz, nämlich dem Gesetz der Liebe untereinander. So sind wir befreit von dem strikten Befolgen von Regeln, wie sie im Alten Testament, vorrangig im Leviticus, beschrieben stehen.

Wie nunmehr für jeden ersichtlich sein sollte, bedeutet 'heilig zu sein' im christlichen Sinne *nicht* die strikte Befolgung von Gesetzen oder das starre Festhalten an Paragraphen und Vorschriften. Es geht vor allem darum, uns gegenseitig nicht zu verurteilen oder abzuurteilen.

Menschen, denen es vor allem darum geht, Regeln einzuhalten, stellen sich nicht selten moralisch über all jene, welche diese Regeln nicht einhalten. Spott, Häme und oft verbale bis hin zu körperlicher Gewalt werden dann angewandt, um durchzusetzen und anderen aufzuoktroyieren, was an Regelwerk in den jeweiligen Köpfen gültig ist.

Wenn Gottesnähe, Glaube und Religiosität in diesem Sinne verstanden werden, können sie kein Segen sein, sondern sie werden schneller zum Fluch, als wir es ahnen können. Menschen, die andere nach dem strikten Befolgen von Regeln beurteilen, und sich darüber hinaus erlauben, andere tatsächlich zu *verurteilen*, wenn sie diese Regeln nicht einhalten, haben viele von der Suche nach Gott abgeschreckt, ja sogar von ihr vertrieben.

Heiligkeit wurde so schlicht zu 'nicht Trinken', 'nicht Rauchen', 'Nicht Fluchen', 'Nicht auf Feiern gehen', 'Weder Karten noch sonst irgendwelche Spiele spielen, die schlicht Spaß machen'; 'keine hübsche Kleidung tragen', und schon 'gar kein Make Up auftragen'! Gott bewahre! 'Keinen Schmuck anlegen' und auf keinen Fall 'die Haare schön machen'.

Man stelle sich nur vor, nicht nur eine Frau, sondern sogar ein Mann trägt einen Ohrring! Nicht zum aushalten! Und natürlich verbietet Gott dem Menschen, sich zu tätowieren - spätestens dies ist der Tropfen, welcher das Fass vieler religiöser Menschen zum überlaufen bringt.

 Wiederum muss hier die Frage gestellt werden, ob sich solche Menschen unter dem levitischen Gesetz stehen sehen - denn dann sollten sie dasselbe auch **in Gänze** auf ihr eigenes leben anwenden! Oder verstehen sie sich als Christen und leben unter der Gnade Christi? Es läuft praktisch immer wieder auf die selbe Frage hinaus.

 Tatsächlich kann es so wundervoll und befreiend sein, dem Herrn zu dienen! Es gibt so unglaublich viele Dinge, die man tun kann!! Darüber hinaus darfst Du sogar noch Freude an allem haben, was Du tust - ja, du *sollst* sogar Freude daran und dabei haben!!

Phillipper 4, 4 - 7

Wünsche für die Gemeinde

Freuet euch im Herrn allezeit! Noch einmal wiederhole ich's: Freuet euch! Laßt eure Sanftmut allen Menschen kund werden: der Herr ist nahe! Sorgt euch um nichts, sondern laßt in jeder Lage eure Anliegen durch Gebet und Flehen verbunden mit Danksagung vor Gott kund werden! Dann wird der Friede Gottes, der höher ist als aller Verstand, eure Herzen und euer ganzes Denken in Christus Jesus bewahren.

Doch nicht nur das Neue, sondern auch das Alte Testament fordert uns auf, froh zu sein im Herrn. Gott möchte nicht, dass wir ungepflegt, hässlich und schmucklos, als kleine graue Mäuse durch die Welt huschen. Das **16 Kapitel** aus dem Buch des Propheten **Hesekiel** macht deutlich, was Gott für seine Geliebten Kinder will:

Hesekiel 16, 4 - 22

(nach Menge)

Gottes Liebestaten an Israel in den Anfangszeiten bis zur Einführung in Kanaan

'Und was deine Geburt betrifft, so wurde dir an dem Tage, als du zur Welt kamst, weder die Nabelschnur abgeschnitten, noch wurdest du in einem Wasserbade rein gewaschen, noch mit Salz eingerieben und nicht in Windeln gewickelt; kein Auge blickte mitleidig auf dich hin, um dir irgendeinen derartigen Liebesdienst zu erweisen und sich deiner zu erbarmen; sondern du wurdest aufs freie Feld hingeworfen: so wenig machte man sich aus deinem Leben am Tage deiner Geburt.

Da kam ich an dir vorüber und sah dich in deinem Blut zappeln und sagte zu dir, als du in deinem Blut dalagst: Du sollst leben! Ja, ich sagte zu dir in deinem Blut: Bleibe leben und wachse heran wie die Grashalme auf der Flur! Da wuchsest du heran und wurdest groß und gelangtest zu vollster Jugendblüte: die Brüste wölbten sich dir, dein Haar sproßte kräftig; doch du warst immer noch nackt und bloß.

Als ich nun wieder an dir vorüberkam und dich sah, siehe, da war deine Zeit da, die Zeit der Liebe!

Da breitete ich meinen Mantelzipfel über dich aus und bedeckte deine Blöße; ich schwur dir Treue und ging einen Bund mit dir ein‹

– so lautet der Ausspruch Gottes des HERRN –,

'und du wurdest mein. Dann wusch ich dich mit Wasser, spülte dein Blut von dir ab und salbte dich mit Öl; ich kleidete dich in bunte Gewänder, ließ dich Schuhe von Seekuhfell anziehen und einen Kopfbund von feiner Leinwand anlegen und hüllte dich in Seide; ich schmückte dich mit Geschmeide, ich legte dir Spangen an die Arme und eine Kette um den Hals, tat dir einen Ring an die Nase, Gehänge an die Ohren und eine prächtige Krone aufs Haupt.

So warst du geschmückt mit Gold und Silber, deine Kleidung bestand aus feiner Leinwand, aus Seide und bunten Geweben; du nährtest dich von Semmel, von Honig und Öl, wurdest immer schöner und brachtest es bis zur Königswürde.'

Doch es blieb nicht bei der Schönheit Jerusalems allein, denn weiter heißt es:

'Dein Ruhm erscholl unter den Völkern wegen deiner Schönheit; denn diese war vollkommen infolge des herrlichen Schmuckes, den ich dir angelegt hatte' – so lautet der Ausspruch Gottes des HERRN.

Es ist Gottes Wille, dass wir schön sind, uns schön machen und die Schönheit, die er uns geschenkt hat, zelebrieren. **Ihm zur Ehre!**

Die weiteren Kapitel machen deutlich, was ein Missbrauch der von Gott geschenkten Schönheit nach sich zieht.

Die Wende im Text folgt ab dem nächsten Vers:

Israels Undank (Verschuldungen in religiöser und politischer Beziehung)

'Aber da verließest du dich auf deine Schönheit und buhltest im Vertrauen auf deine Berühmtheit und warfst dich mit deiner buhlerischen Liebe an jeden Vorübergehenden weg, so daß du dich ihm preisgabst. Du nahmst von deinen Gewändern, machtest dir bunte Opferhöhen und triebst dort deine Unzucht (wie sie nie vorgekommen ist und nie wieder stattfinden wird).

Dann nahmst du auch deine prächtigen Geschmeide, die aus meinem Gold und meinem Silber, die ich dir geschenkt hatte, angefertigt waren, und machtest dir Mannsbilder daraus, mit denen du Buhlerei triebst; auch nahmst du deine bunten Gewänder und legtest sie ihnen an, und mein Öl und meinen Weihrauch brachtest du vor ihren Augen dar;

und was ich dir als Speise gegeben hatte, Semmel, Öl und Honig, die ich dich hatte essen lassen, das setztest du ihnen als lieblich duftende Opfergabe vor. Ja, das alles ist geschehen!' – so lautet der Ausspruch Gottes des HERRN.

'Auch nahmst du deine Söhne und Töchter, die du mir geboren hattest, und schlachtetest sie ihnen zum Fraß. Genügte deine Buhlerei noch nicht, daß du auch noch meine Kinder schlachten mußtest und sie hingabst, indem du sie ihnen als Opfer verbranntest?

Und bei all deinen Greueln und deinen Buhlereien dachtest du nicht an die Tage deiner Jugend zurück, wie du damals nackt und bloß warst und zappelnd in deinem Blut dalagst!'

In der Bibel finden wir immer wieder die manchmal ausgesprochene, doch oftmals unausgesprochene Frage:

Wem dienst Du?

Wem gibst Du mit Deinem Leben die Ehre?

Frönst du deinen Gelüsten?

Schaffst du dir eigene Idole, denen du nacheiferst und die du anbetest?

Idole in der Welt, in Form von erfolgreichen Menschen?

Idole in Form von Ideologien, Weltanschauungen, Dogmen, persönlichen Meinungen, denen du huldigst, die du anbetest, ja, denen du dich und dein Leben unterwirfst?

Oder gar Idole in Form von Sachgegenständen, wie etwa Geld?

Oder gibst du mit deinem Leben Gott die Ehre, folgst ihm alleine nach, dienst nur ihm und erkennst ihn allein als die höchste Autorität in deinem Leben an?

Weitere Bibelverse über Tattoos

Wie die Bibel deutlich macht, möchte Gott für uns, dass wir uns schön machen, Freude haben, seine Gaben und Geschenke annehmen, ihm danken, ihn loben und ihn preisen.
Außerdem gibt es auch im Alten Testament noch weitere Stellen, die von Tätowierungen sprechen, welche zu anderen Zwecken und unter anderen Umständen in die Haut eingebracht wurden.

Jesaja 44, 5

Dieser wird sagen: Ich gehöre dem HERRN! Und jener wird sich mit dem Namen Jakob nennen. Und jener wird auf seine Hand schreiben: Dem HERRN eigen!, und wird mit dem Namen Israel genannt werden.
(Elberfelder)

Im Englischen wird es noch deutlicher. Hier übersetzt die Ampflified Bible Classic Edition:

One will say, I am the Lord's; and another will call himself by the name of Jacob; and another will write (even brand or tattoo) upon his hand, I am the Lord's, and surname himself by the (honorable) name of Israel.

Eine weitere Bibelstelle finden wir im **49. Kapitel** des Buches **Jesaja**. Die **Verse 14 - 21** sind in der Schlachter 2000 überschrieben mit

Der Herr verheißt Zion sein Erbarmen und seine Rettung

Zion aber hat gesagt: 'Der HERR hat mich verlassen, und vergessen hat mich der Herr.'
Würde eine Frau ihren Säugling vergessen, ohne Erbarmen mit dem Kind ihres Leibs? Selbst wenn diese es vergessen würden, werde doch ich dich nicht vergessen!
Sieh, ich habe dich in die Handflächen geritzt, stets sind deine Mauern mir vor Augen.
(Text aus der Züricher)

Die New International Version übersetzt:

See, I have engraved you on the palms of my hands

Und die Amplified Bible Classic Edition schreibt

Behold, I have indelibly imprinted (tattooed a picture of) you on the palm of each of My hands..

Was bedeutet das? Hat Gott den Namen Zions, oder gar ein Bild von seinen geliebten Kindern, in seine Handflächen tätowiert?

In der **Offenbarung**, im **19. Vers** des **16. Kapitels**, welches ab dem 11. Vers in der Züricher überschrieben ist mit *Der Sieg Christi*, heißt es überdies

Und er hat einen Namen geschrieben auf seinem Kleid ***und*** *auf seiner Hüfte also: Ein König aller Könige und ein HERR aller Herren.*
(luther 1545)

Die Elberfelder übersetzt:

*Und er trägt auf seinem Gewand **und** an seiner Hüfte einen Namen geschrieben: König der Könige und Herr der Herren.*

Es ist spannend, wie die Elberfelder diese Passage übersetzt hat; sagt man doch von der Elberfelder, dass sie am nächsten von allen Bibel-Übersetzungen am Urtext dran ist.

In der englischen King James Version heißt es:

*And he hath on his vesture **and** on his thigh a name written, KING OF KINGS, AND LORD OF LORDS.*

Die Amplified Bibel übersetzt:

*And on His robe **and** on His thigh He has a name inscribed, "KING OF KINGS, AND LORD OF LORDS."*

Hat Jesus ein Tattoo? I don t know! Lest die Stellen nach, stellt eure eigenen Recherchen an, mach euch euer eigenes Bild und sucht selbst nach der Wahrheit.

Wie gehen wir mit Andersdenkenden um?

Was rät die biblische Weisheit und Lehre im Zuge all der Unklarheiten, der Verwirrungen und der oft daraus resultierenden Spaltung, welche durch dieses Thema im Leib Christi entsteht? Wie sollen wir mit dem Thema Tätowierungen umgehen, welches so viel Streit, Feindschaft und Ablehnung unter *solchen* hervorruft, die doch zur Liebe untereinander aufgerufen sind?

Die Spaltung innerhalb der Gemeinde ist weit aus schlimmer als die Antwort auf die Frage, ob Tattoos für Christen erlaubt oder verboten sind. Doch die Spaltung über dieses Thema geht soweit, dass es Christen gibt, die sich angewidert von solchen abwenden, die tätowiert sind und den Anblick tätowierter Menschen kaum ertragen können.

Nicht selten wird schnell geurteilt und ein Nichttätowierter glaubt, in der Hierarchie der Gläubigen eine prominente Stellung zu all solchen einzunehmen, welche sich - ihrer Meinung nach - mit Tattoos versündigt haben.

Was sagt die Bibel hierzu?

Im **14. Kapitel** des ***Briefes an die Römer*** finden wir deutliche Hinweise.

Die Schlachter 2000 überschreibt dieses Kapitel mit dem Titel *Die Gegenseitige Duldsamkeit in Gewissensfragen;* die Elberfelder dagegen mit *Die Gegenseitige Verantwortung der im Glauben Starken und Schwachen.*

Der erste Vers beginnt mit den Worten:

Nehmt den Schwachen im Glauben an, ohne über Gewissensfragen zu streiten.
(Schlachter 2000)

Auf den im Glauben Schwachen nehmet (liebevolle) Rücksicht, ohne über Gewissensbedenken (mit ihm) zu streiten.
(Menge)

Den im Glauben Schwachen nehmt an und lasst es nicht zum Streit über verschiedene Auffassungen kommen!
(Züricher)

Den Schwachen im Glauben aber nehmt auf, doch nicht zur Entscheidung zweifelhafter Fragen!
(Elberfelder)

Den Schwachen im Glauben nehmet auf und verwirrt die Gewissen nicht.
(Luther 1545)

Nachdem Christus zum Himmel aufgefahren ist, kam der Heilige Geist auf die Gläubigen - und kommt auf die Gläubigen bis heute - als ihr Tröster.

Johannes 14, 26
Aber der Tröster, der Heilige Geist, welchen mein Vater senden wird in meinem Namen, der wird euch alles lehren und euch erinnern alles des, das ich euch gesagt habe.
(Luther 1545)

Johannes 16, 7
Aber ich sage euch die Wahrheit: es ist euch gut, daß ich hingehe. Denn so ich nicht hingehe, so kommt der Tröster nicht zu euch; so ich aber gehe, will ich ihn zu euch senden.
(Luther 1545)

Nachdem Jesus also das Gesetz erfüllt hat, liegt das Gesetz Gottes nun nicht mehr im Außen, sondern ist den Menschen in ihr Herz geschrieben

Jeremia schreibt im *31. Kapitel* in den *Versen 31 - 33*

Siehe, es kommt die Zeit, spricht der HERR, da will ich mit dem Hause Israel und mit dem Hause Juda einen neuen Bund machen; nicht wie der Bund gewesen ist, den ich mit ihren Vätern machte, da ich sie bei der Hand nahm, daß ich sie aus Ägyptenland führte, welchen Bund sie nicht gehalten haben, und ich sie zwingen mußte, spricht der HERR; sondern das soll der Bund sein, den ich mit dem Hause Israel machen will nach dieser Zeit, spricht der HERR: Ich will mein Gesetz in ihr Herz geben und in ihren Sinn schreiben; und sie sollen mein Volk sein, so will ich ihr Gott sein;

Wenn jemand also das *Gefühl* hat, dass etwas falsch ist, was er tut, sollte diese Person eben dieses oder jenes *nicht* tun. Hat jemand das Gefühl, das Richtige zu tun, kann er es durchaus tun. Über eben solche Gewissensentscheidungen bzw. solche verschiedenen Auffassungen sollte kein Zwiespalt im Leib Christi entstehen, und auch kein Streit gesät werden.

Herunter gebrochen auf unser Thema bedeutet das: wenn jemand das Gefühl hat, Tattoos sind falsch, dann sind sie für diese Person auch falsch. Wenn jemand nicht weiß, was er denken soll, oder auch anders denkt als wir, mit dem sollen wir liebevoll umgehen.

Das 14. Kapitel im Brief an die Römer ist für die Starken geschrieben - im Umgang mit den Schwachen. Es ist für alle jene geschrieben, die es aushalten können, dass andere Menschen anders denken, fühlen und handeln als sie selbst.
Bezogen auf das praktische Leben bedeutet das: wenn du das Gefühl hast, dass Tätowieren (Essen, Impfen, etc.) falsch / richtig ist, dann heiße ich dich trotzdem willkommen. Trotz allem bist du mein Bruder und meine Schwester. Auch dann, wenn ich anders denke als du.
Wenn ich Tattoos habe und ich weiß, dass du ein Problem damit hast, würde ich sie vor dir nicht unbedingt zur Schau tragen; ich kann sie für mich behalten, denn ich will keine Zwietracht zwischen mir und dir säen, meine geliebte Schwester, mein geliebter Bruder, in Christus.

Weiter heißt es:

Römer 14, 2 - 3

Der eine ist überzeugt, alles essen zu dürfen, während der Schwache nur Pflanzenkost genießt. Wer isst, verachte den nicht, der nicht isst; und wer nicht isst, richte den nicht, der isst; denn Gott hat ihn angenommen.

Weder soll der eine den anderen verachten, noch der andere auf den einen hernieder blicken. Denn Gott hat uns alle angenommen.

Römer 14, 4

Wer bist du, dass du eines andern Diener richtest? Seinem eigenen Herrn steht oder fällt er. Er wird aber stehen, denn der Herr vermag, ihm Stand zu geben.

Wenn es unklar ist, was richtig oder falsch ist, dann lass Gott den Richter über diese Dinge sein. Halte du dich aus jeglichem Urteil heraus und überlasse diese bestimmte Uneinigkeit Gott allein. Er weiß damit umzugehen.

5 - 6 - *Mancher macht einen Unterschied zwischen den Tagen, während einem andern alle Tage als gleich gelten: ein jeder möge nach seiner eigenen Denkweise zu einer festen Überzeugung kommen!*
Wer auf den Tag achtet, der achtet darauf für den Herrn, und wer nicht auf den Tag achtet, der achtet nicht darauf für den Herrn. Wer isst, der isst für den Herrn, denn er dankt Gott; und wer nicht isst, der enthält sich der Speise für den Herrn und dankt Gott auch.

Es kann sein, dass sich zwei Christen treffen und das absolut gegenteilige tun; trotzdem tun sie dies aus ein und dem selben Grund: um Gott zu ehren und ihm allein die Ehre zu geben.

Was sollen wir also tun, wenn wir unterschiedliche Auffassungen haben? - Vereint sein in Christus und über die unterschiedlichen Denkweisen hinwegsehen. Wenn ich sehe, dass jemand etwas tut, um den Herrn zu ehren, dann ehre ich schon *allein deshalb* diese Person als meinen Bruder oder meine Schwester, auch dann, wenn er Gegenteiliges denkt, als ich selbst.

Im Bezuge auf Tätowierungen heißt das: Es mag sein, dass jemand nicht verstehen kann, wie du den Tempel Gottes einritzen kannst.

1. Korinther 3, 16

Wisst ihr nicht, dass ihr Gottes Tempel seid und dass Gottes Geist in euch wohnt?

Doch der andere mag mit seinen Tattoos *gerade* seine Liebe und Ehre zu Gott hervorheben und meinen, dass eben *weil* sein Körper der Tempel Gottes ist, er Gott die Ehre geben will - mit seinen Tattoos.

Das 14. Kapitel des Briefes an die Römer sagt ganz eindeutig: Die Entzweiung der Menschen ist schlimmer als das Thema, *über* das sie sich entzweien!

Es ist also nicht so schlimm, über das Thema Tätowierungen anderer Meinung zu sein; es ist aber schlimm, sich darüber zu streiten und uneins zu werden.

Allerdings sagen diese Verse auch ganz eindeutig, dass Gott mehr Verständnis von *denen* erwartet, die den anderen verstehen können, als von *dem*, der den anderen nicht verstehen kann.

Römer 14, 7 - 10

Keiner von uns lebt ja für sich selbst, und keiner stirbt für sich selbst; denn leben wir, so leben wir dem Herrn, und sterben wir, so sterben wir dem Herrn; darum, mögen wir leben oder sterben, so gehören wir dem Herrn als Eigentum an. Dazu ist ja Christus gestorben und wieder lebendig geworden, um sowohl über Tote als auch über Lebende Herr zu sein.

Du aber, was richtest du deinen Bruder? Oder auch du, was verachtest du deinen Bruder? Denn wir werden alle vor den Richterstuhl Gottes gestellt werden.

Es ist hier keiner besser als der andere. Der eine, der jemanden für seine Tätowierungen verurteilt, ist nicht besser als jemand, der denjenigen als schwach, hartherzig oder verbohrt bezeichnet und auf ihn herabblickt, von dem er verurteilt wird.

11 - 12 *Denn es steht geschrieben: So wahr ich lebe, spricht der Herr, mir wird sich beugen jedes Knie, und jede Zunge wird sich zu Gott bekennen. Demnach wird ein jeder von uns über sich selbst Rechenschaft vor Gott abzulegen haben.*

***

Eine kleine, persönliche Anmerkung: Wie viele von euch wissen, war ich viele Jahre meines Lebens in der Esoterik und dem New Age unterwegs und habe lange Zeit Rückführungen in frühere Leben geleitet. Davon mag man hier und heute halten, was man will - aus eigener Erfahrung kann ich jedoch bestätigen, was die Bibel lehrt: *Es gibt ein Leben danach.*
Jeder sollte sich darüber bewusst sein, dass vor dem Höchsten alles offen liegt. Auch der noch so kleinste Gedanke, auch das noch so unscheinbar anmutende Gefühl, sind nach dem Ablegen des Körpers offenbar. Es wird alles gesehen und liegt ausgebreitet vor uns - und vor dem, der uns gegenübersteht. Was du auf der Erde hast vor anderen Menschen verbergen können, kannst du dann nicht mehr verstecken.

Du wirst dich rechtfertigen müssen.

***

Die kommenden Verse sind in der Schlachter 2000 mit dem Satz überschrieben *Pflicht zur Rücksichtnahme gegenüber dem schwächeren Bruder*.

13 - *Wir wollen einander also nicht mehr richten! Achtet vielmehr darauf, dem Bruder keinen Anstoss zu geben und ihn nicht zu verführen.*
(Züricher)

Darum wollen wir nicht mehr einer den andern richten, sondern haltet vielmehr das für das Richtige, dem Bruder keinen Anstoß und kein Ärgernis zu bereiten! (Menge)

14 - *Ich weiß und bin dessen im Herrn Jesus gewiß, daß nichts an und für sich unrein ist; jedoch wenn jemand etwas für unrein hält, so ist es für ihn (tatsächlich) unrein.*

Nichts ist unrein in sich selbst. Doch es ist unrein, wenn du das Gefühl hast und meinst, dass es unrein ist. Also für die Person, die meint, Tätowierungen sind unrein, für die sind sie auch unrein. Denn diese Person würde ihr Gewissen vor Gott versündigen, würde sie etwas tun, wovon sie nicht überzeugt ist.

15 - *Denn wenn dein Bruder (durch dich) um einer Speise willen in Betrübnis versetzt wird, so wandelst du nicht mehr nach (dem Gebot) der Liebe. Bringe durch dein Essen nicht den ins Verderben, für den Christus gestorben ist!*

Wenn ich also absichtlich, forciert und bewusst meine Tätowierung meinem Bruder zeige, oder meiner Schwester eine Diskussion über dieses Thema aufzwinge, obwohl ich weiß, dass es sie in ihrem Gewissen gegenüber Gott verletzen wird - dann tut nicht sie das Falsche - sondern ich! Weil ich ihr wissentlich seelische Schmerzen zufüge und schlechte Gefühle in ihr auslöse.

Bedenke immer: auch für deinen Bruder und deine Schwester, die mit dir über ein Thema uneins sind, ist Christus gestorben. Warum also sollten wir Streit und Zank säen, wenn wir doch zur Brüderlichkeit und Liebe berufen sind?

16 - *Das Gute, das euch geschenkt wurde, darf nicht in Verruf kommen.*
(neue Genfer Übersetzung)

Die Freiheit, die Gott euch geschenkt hat, soll nicht in Verruf geraten.
(Hoffnung für Alle)

So do not let what you regard as good be spoken of as evil.
(English Standart Version)

17 - 19 - *Das Reich Gottes besteht ja nicht in Essen und Trinken, sondern in Gerechtigkeit und Frieden und Freude im heiligen Geist; Wer darin Christus dient, findet Wohlgefallen bei Gott und Anerkennung bei den Menschen.*
Wir wollen uns also einsetzen für das, was dem Frieden und der gegenseitigen Erbauung dient!

Das ursprüngliche Konzept von Hauskirchen war es, zum Lobpreis Gottes, dem Austausch über Bibelstellen und der gegenseitigen Erbauung zusammenzukommen. Was für eine wunderbare Intention, die wir gern auch in unser tägliches, gesellschaftliches Leben hineintragen können - ja sogar sollen.

***20** - Zerstöre nicht um einer Speise willen das Werk Gottes! Zwar ist alles rein, aber zum Unheil ist es für jemand, der es mit (trotz) inneren Bedenken genießt;*
(Menge)

Zerstöre nicht wegen einer Speise (oder einem Tattoo) das Werk Gottes! Es ist zwar alles rein, aber es ist demjenigen schädlich, der es mit Anstoß isst (d.h. obwohl es nach seiner Überzeugung Sünde ist).
(Schlachter 2000)

Richte doch nicht wegen einer Speise das Werk Gottes zugrunde! Alles ist zwar rein, schädlich aber ist es, wenn ein Mensch durch sein Essen etwas gegen sein Gewissen tut.
(Züricher)

… but it is wrong for anyone to make another stumble by what he eats (or by what he thinks about Tattoos)
(English Standard Version)

Hier kann man das Beispiel des Essens mit so ziemlich allem ersetzen, worüber wir anderer Meinung sein und uns entzweien können.

Wir mögen vielleicht meinen, dass unser Tattoo unglaublich spirituell, heilig, christlich und göttlich ist und der andere es nur deshalb nicht versteht, weil er so engstirnig ist. Doch vielleicht sind *wir* es selber, die engstirnig sind und schlicht auf dem Herzen eines Bruders oder einer Schwester herumtreten?

Du magst die Freiheit haben, dies oder das zu tun, doch wenn Du nicht liebevoll zu deinen Geschwistern bist und irgendein Thema zum Grund für Streit hernimmst, ist es allein darum falsch.

21 - 22 - *Es ist gut, wenn du kein Fleisch isst und keinen Wein trinkst, noch sonst etwas tust, woran dein Bruder Anstoß oder Ärgernis nehmen oder schwach werden könnte.*
Behalte den Glauben, den du für dich selbst hast, vor Gott. Selig, wer bei dem, was er zu prüfen hat, nicht mit sich ins Gericht gehen muss!

Was immer du über eine Sache meinst - am Ende ist es eine Sache zwischen dir und Gott - und nicht zwischen dir und anderen Menschen. Achte jedoch gut darauf, dass deine Worte und Taten dein eigenes Gewissen nicht verletzen, denn selig ist der, welcher nach dem Leben das Gericht nicht fürchten muss.

23 - *Wer aber Bedenken hat, wenn er etwas isst, der hat sich selber verurteilt, weil es nicht aus der Überzeugung des Glaubens geschieht. Alles, was nicht aus Glauben geschieht, ist Sünde.*

Die ersten Verse des 15. Kapitels schließen das 14. Kapitel ab. Die Züricher Übersetzung überschreibt dies mit *Was in der Gemeinde zählt*

Die Gemeinde - das sind wir. Und gemeinsam bilden wir alle den Leib Christi.

Römer 15, 1

Da haben wir Starken die Pflicht, die Schwächen derer, die nicht so stark sind (wie wir), zu tragen und nicht wohlgefällig an uns selbst zu denken:
(Menge)

Wir, die Starken, sind verpflichtet, die Schwächen der Schwachen zu tragen und nicht uns selbst zu Gefallen zu leben.
(Züricher)

Wir aber, die Starken, sind verpflichtet, die Schwachheiten der Kraftlosen (der Unfähigen oder Schwachen) zu tragen und nicht uns selbst zu gefallen.
(Elberfelder)

Wir aber, die Starken, haben die Pflicht, die Gebrechen der Schwachen zu tragen und nicht Gefallen an uns selbst zu haben.
(Schlachter 2000)

Wir aber, die wir stark sind, sollen der Schwachen Gebrechlichkeit tragen und nicht gefallen an uns selber haben.
(Luther 1545)

2 - *Jeder von uns lebe dem Nächsten zu Gefallen, ihm zum Wohl, um ihn aufzubauen.*
(Züricher)

Nein, jeder von uns lebe dem Nächsten zu Gefallen, ihm zum Besten, zu seiner Erbauung (Förderung)!
 (Menge)

Jeder von uns gefalle dem Nächsten zum Guten, zur Erbauung (zum Aufbau)!
 (Elberfelder)

3 *- Denn auch Christus hat nicht sich selbst zu Gefallen gelebt, sondern wie geschrieben steht (Ps 69,10): 'Die Schmähungen derer, die dich schmähen, sind auf mich gefallen (haben mich getroffen).'*
 (Menge)

Auch Christus lebte nicht für sich selbst. Von ihm heißt es in der Schrift: 'Die Anfeindungen, die dir, Gott, galten, haben mich getroffen.'
 (Hoffnung für Alle)

*

Du also, der du stark bist, hast die Verantwortung für den, der schwach ist. Du, der den anderen verstehen kann, hast die Verantwortung für den, der dich *nicht* verstehen kann. Und du tust Unrecht, wenn Du das Thema, von dem du weißt, dass es deinen Bruder betrübt, ihm vor die Füße wirfst in dem Wissen, ihn damit zu verletzen und Streit zu provozieren.

*

Schlussfolgerung

Es ist demnach ein großer, fundamentaler Unterschied, *warum* wir etwas tun, aus welchen Beweggründen und vor allem - wofür und für wen?! Machst Du dich schön, um im biblischen Sinne 'Hurerei' zu betreiben? Oder lässt du dich vom Herrn schmücken und machst dich schön - ihm zu Ehren?

Wenn ich also Tätowierungen habe und gleichzeitig einen Dienst leite, sollte ich meine Tattoos nicht unbedingt allen öffentlich präsentieren; nicht wegen mir, sondern wegen all jenen, die möglicherweise Anstoß daran nehmen könnten. Anstatt diese zu verurteilen oder zu meinen, ich stünde moralisch über ihnen - *weil sie jemanden verurteilen und ich nicht* - ist hier geboten, auf das Herz und die Gefühle der anderen zu achten und zu tun, was die Schrift vorgibt.

Was ist Liebe? Was ist Achtung? Was ist Rücksichtnahme? Was ist Güte? Was ist Liebenswürdigkeit?

Das sind Fragen, die wir allezeit vor Augen haben sollten.

Jesus nachzufolgen bedeutet, selbstlos zu sein; was wiederum bedeutet, dich samt all deiner persönlichen Meinungen und Anschauungen aus einer Situation herauszunehmen und die Liebe zu deinem Nächsten über alles zu stellen.

Anstatt, zum Beispiel, auf diejenigen herabzublicken, die uns wegen unserer Tattoos nicht ertragen können, sollten wird uns (und sie) fragen, ob es etwas gibt, dass wir tun können, um ihnen zu helfen, uns zu ertragen. Wir, die Starken, sind dazu aufgefordert, den Auffassungen der Schwachen Rechnung tragen.

Wir sollten nicht auf das Äußere einer Person gucken und auf Grund dessen für uns entscheiden, ob es eine schlechte oder gar böse Person ist. Es geht nicht darum, ob andere *unseren* Vorstellungen von heilig oder religiös entsprechen oder nicht entsprechen. Sondern darum, dass wir alle Teile eines Leibes sind - des Leibes Christi - und wir dazu aufgefordert sind, unseren Nächsten zu lieben wie uns selbst.

Natürlich geht es nicht darum, unseren Feinden und sogenannten 'Hatern' nach ihrem Mund zu reden und nach ihren Vorstellungen unser Leben zu gestalten! Sondern es geht darum, den Menschen liebevoll zu begegnen und mich am Ende nicht vor den Menschen, sondern vor Christus zu rechtfertigen in allem, was ich tue. !!!

Wir sollten immer bedenken, dass wir Nachfolger Christi sind auf dieser Welt. Unser Maßstab orientiert sich daher an den Werten, die er uns vermittelt hat, und nicht an menschlichen Werten.

Fühle dich dazu eingeladen, das Neue Testament zu lesen, in die Botschaft Jesu einzutauchen und dich in seine Nachfolge zu stellen! *Es lohnt sich!*

Teil III

Tattoo oder nicht Tattoo - Das ist hier die Frage

Zurück zu unserer Frage nach Tattoos: Es ist aus vielerlei Gründen wichtig, die Liebe zu Gott und zu deinem Nächsten immer im Blick zu behalten, bei allem, was du tust. Dazumal ist es auch wichtig, _was_ du dir tätowieren lässt und nicht nur, _ob_ du dich tätowieren lässt. Und vor allem, aus welchen Beweggründen du handelst.

Im 1. Brief an die Korinther 6, 12 steht

'Alles ist mir erlaubt!' – Ja, aber nicht alles ist zuträglich. 'Alles ist mir erlaubt!' – Ja, aber ich darf mich nicht von irgend etwas beherrschen lassen.

Einerseits ist uns alles erlaubt, andererseits stehen wir unter dem höchsten Gesetz der Nächstenliebe und sind dazu angehalten, immer und zu jederzeit unsere Herzen zu prüfen und uns unserer Beweggründe bewusst zu sein.

Außerdem sollten wir uns nicht von unseren Tätowierungen beherrschen lassen in dem Sinne, dass wir uns über diese beginnen zu definieren. Das Heil unseres Lebens liegt in Christus, nicht in Tattoos.

Solltest Du aus tiefstem Glauben und freiem Wunsch ein Tattoo haben wollen, dann lass Dir eines machen. Wenn Du es jedoch aus reiner, körperlicher Lust heraus tust, und aus den 'falschen Beweggründen', solltest Du es überdenken.

Der **2. Brief** des Paulus an **Timotheus 2, 22** lehrt uns

So fliehe nun die jugendlichen Lüste, jage aber der Gerechtigkeit, dem Glauben, der Liebe, dem Frieden nach, zusammen mit denen, die den Herrn aus reinem Herzen anrufen!
(Schlachter 2000)

*

Prüfe das Motiv deines Herzens!

*

Galater 1, 9

Wie wir es zuvor gesagt haben, so sage ich auch jetzt wiederum: Wenn jemand euch etwas anderes als Evangelium verkündigt als das, welches ihr empfangen habt, der sei verflucht!

An Tätowierungen ist an und für sich nichts falsch. Doch es sollte schlicht alles, was wir in unserem Leben tun und an Ideen und Plänen umsetzen, einer einzigen Frage standhalten:

Gibt es Gott die Ehre?

Kannst du diese Frage mit ja beantworten, steht einem Tattoo nichts mehr im Wege.

1. Timotheus 1, 5

Das Endziel der Heilsverkündigung ist aber Liebe, die aus reinem Herzen und gutem Gewissen und ungeheucheltem Glauben stammt.
(Menge)

Das Ziel aller Weisung ist die Liebe, die aus reinem Herzen und gutem Gewissen und ungeheucheltem Glauben kommt.
(Züricher)

Kolosser 3, 23 - 24

Was ihr auch tut, tut es mit Leib und Seele, so als wäre es für den Herrn und nicht für Menschen, ihr wißt ja, daß ihr vom Herrn das (himmlische) Erbe als Lohn empfangen werdet: ihr dient ja dem Herrn Christus als Knechte.

Am Ende geht es nicht darum, was andere tun oder andere dich lehren wollen, sondern darum, ob es gegen die Schrift verstößt oder nicht.

*

Frage dich:

Tust du das, was du tust, mit Liebe?

Tust du, was du tust, aus reinem Herzen und reinem Gewissen Gott gegenüber?

Die Auswahl deines Tattoos

Der Auswahl deines Tattoos kommt also allergrößte Wichtigkeit zu.

Schau, in welcher Situation du dich befindest und überlege dir, wo und was du dir tätowieren lassen willst. Wichtig dabei ist, dass es Gott die Ehre gibt und deinen Nächsten nicht betrübt.
Selbst, wenn es Deine Großmutter ist, die du damit verletzen würdest, solltest du darüber nachdenken, ob es wirklich das Richtige ist und im Einklang mit der Heiligen Schrift steht. Denn die Bibel fordert uns an unterschiedlichen Stellen dazu auf, die Alten zu ehren. So frage dich, ob du es wagen möchtest, ihren Geist zu betrüben

Buchtipp

Schaue hierzu auch in mein Buch

'Weißt du, was Du mit Dir trägst? Eine Entscheidungshilfe für Tattoo und Motiv.'

Als ich damals das Buch geschrieben habe, war ich noch nicht bekehrt. Diese Tatsache spricht deutlich aus diesem Buch heraus. Heute würde ich dir dringend davon abraten, okkulte Symbole tätowieren zu lassen, da sie Gott nicht die Ehre geben, sondern Götzen verehren. Dennoch sind die Prinzipien, die dort beschrieben sind, gültig und zeitlos.

Sei weise! Und zwar ganzheitlich weise! Beziehe in deine Überlegungen dein ganzes Leben und alle Menschen mit ein, die ein Teil deines Lebens sind, als auch die Aufgabe, die du in deinem Leben erfüllen willst:

- die Zukunft, die du dir wünschst

- Pläne, die du hast und

- den Weg, du du gehen möchtest

Stelle sicher, dass du dir deine Zukunft in jeder Hinsicht und Richtung offen lässt, und dir diese nicht durch eine Tätowierung verbaust.

Wenn es jemand zum Beispiel zu seiner Lebensaufgabe machen möchte, nach Israel zu gehen, um den Juden das Evangelium zu bringen, sollte man vielleicht darüber nachdenken, ob es weise wäre, sich überhaupt tätowieren zu lassen.

Fragen, die du dir stellen solltest

Was sage ich mir und anderen, wenn ich meinen Körper zeichne?

Was offenbare ich über mich selbst?

Was versuche ich, zu sagen?

Was offenbare ich über meine tiefste Identität?

Was suche ich?

Was ist mein tatsächlicher Grund dafür, ein Tattoo haben zu wollen?

Was ist die Motivation meines Herzens?

Was wird mein Tattoo anderen kommunizieren?

An welche Stelle meines Körpers soll das Tattoo gesetzt werden?

Lenkt es die Aufmerksamkeit auf Christus hin oder lenkt es die Aufmerksamkeit von ihm weg?

Habe ich das Geld dafür?

Ist das Stechen einer Tätowierung wirklich eine gute Verwendung meiner Ersparnisse und Ressourcen?

Von *wem* willst du das Tattoo stechen lassen?

Mit jedem Tattoo verewigt sich auch derjenige in deinem Leben, der dir das Tattoo sticht. Darum solltest du sehr gut überlegen, *wer* dir das Tattoo unter die Haut bringt.

Wie sauber ist das Studio, zu dem du gehst?

Eine Tätowierung ist immer auch ein medizinischer Eingriff. Zum Beispiel kann es für Frauen mit Kinderwunsch bei der Geburt Probleme geben, wenn sie sich im unteren Teil der Wirbelsäule tätowieren lassen. Denn es gibt einige Ärzte, welche die schmerzlindernde Spritze an dieser Stelle bei der Geburt verweigern, wenn dort Farbe in die Haut eingebracht ist.

Denke einmal zurück und frage dich selbst: Wie hast du vor 10 Jahren getickt? Welch ein Tattoo hättest du dir damals stechen lassen? Glaubst du, dass es dir heute noch gefallen würde?

Heute haben ca. 20 % der Menschen in der westlichen Welt Tattoos. Wenn du mit dem Gedanken spielst, dich tätowieren zu lassen, du aber nicht wirklich weißt, ob du das willst, dann probiere doch einfach Folgendes:

Lasse dir 5 T-shirts mit dem Motiv bedrucken, welches du gern haben möchtest und trage sie ein Jahr lang jeden Tag. Schau dann, ob dich das Motiv langweilt, vielleicht sogar abstößt, oder du dieses Motiv noch immer auf deinem Körper tragen möchtest.

Im Zweifelsfall lautet die Antwort immer: Warte!

Kontraindikationen für ein Tattoo

Gründe, sich kein Tattoo stechen zulassen:

Willst du ein Tattoo aus irgendwelchen Gründen haben, die gegen die Bibel gerichtet sind?

Verschreibst du deinen Körper der Dunkelheit und weihst dich der Totenwelt?

Ist mein gewähltes Motiv ein Zeichen der Götzenverehrung? Dann solltest Du es dringend unterlassen, dir ein solches unter die Haut zu bringen.

Möchte ich mich tätowieren lassen, um einer verstorbenen Seele zu huldigen?

Ist mein Tattoo quasi eine Opfergabe? Bringe ich also ein Opfer mit dieser Tätowierung in irgendeiner Form?

Erhoffe ich mir, durch dieses Tattoo eine Art Identität zu gewinnen? Oder soll die Tätowierung die Zugehörigkeit zu einer bestimmten Gruppe symbolisieren?

Lasse ich mir im Zuge eines Rituals eine Tätowierung stechen? Dient es der Verehrung von Toten?

Sollte dein ausgewähltes Motiv bedeuten, dass du irgendetwas anderes als Jesus Christus und den Schöpfer von Himmel und Erde verehrst, solltest du es definitiv nicht stechen lassen.

Zwei sehr destruktive Hauptmotive, die in der Welt der Tätowierungen zu finden sind, sind einerseits Rebellion - und andererseits Zurückweisung, Ablehnung und Abstoßung.

 Rebellion kann im christlichen Sinne definiert werden als etwas, das jemand tut, um Gottes Gesetze zu verletzen und Gottes Geist zu betrüben. Motive wie Drachen, Spinnen, Totenköpfe, teuflische und okkultistische Bilder und Symbole sowie Dämonen gehören in diese Kategorie.

 Ablehnung, Zurückweisung und Abstoßung könnte man - unter anderem, neben vielen anderen Beispielen - als das nagende Gefühl definieren, nicht gut genug zu sein und meinen, nicht zu bekommen, was man verdient. Es entsteht meist erst Wut, dann Hass. Das hat Satan gegenüber Gott empfunden - er schien nicht gut genug dafür, selber Gott sein zu können und sein eigenes Reich zu besitzen. So wollte er sich sein eigenes Reich mit Gewalt und Abart selber schaffen. Und das versucht er bis heute.
 Seine dunklen, destruktiven Rituale werden von seinen Anhängern in diesen Augenblicken praktiziert, in denen du das hier liest.

 Satan brachte Adam und Eva dazu, die Liebe Gottes in Frage zu stellen und im Umkehrschluss zu meinen, nicht gut genug für Gottes Liebe zu sein. Das Resultat war Trennung, die einen immer drastischeren Abfall nach sich zog, wie wir im Alten Testament wiederholt lesen können.

Prüfe die Motive deines Herzens!

Handelst du aus Ablehnung, Zurückweisung und Abstoßung jeglicher Art, dann lasse es unbedingt sein!

Hast du das Gefühl, nicht gut genug zu sein? Meinst du, Gottes Liebe nicht würdig zu sein? - Eine Tätowierung wird dies nicht ändern. Sollte das der Fall sein, dann studiere statt dessen die Heilige Schrift, insbesondere das Neue Testament. Öffne dein Herz und lasse in dir das Bewusstsein erblühen, dass du Gottes geliebtes Kind bist. Er liebt dich so sehr, dass er dein Bild sogar in seine Handflächen geritzt hat.

Fühle ich mich unsicher? Will ich mit einer Tätowierung meine Unsicherheit kompensieren oder gar verdecken?

Fühle ich mich unbedeutend und meine, mit einem Tattoo an Bedeutung zu gewinnen? - Ein Tattoo wird dich nicht zu einer anderen Person machen. Du bleibst die selbe. Eine Tätowierung wird deine Problem und inneren Konflikte nicht lösen. Sich ein Tattoo aus Emotionalität oder Impulsivität stechen zu lassen, ist zu überdenken.

Fühle ich mich unbedeutend? Glaube ich, bedeutungsvoller zu werden, wenn ich mich tätowieren lasse?

Könnte meine Tätowierung jemanden dazu verleiten, sich zu versündigen? Ist sie unmoralisch? Verherrlicht sie gar Pornographie?

Die Auswahl des Motivs einer Tätowierung sollte immer von der richtigen Stelle des Herzens kommen.

Einen Cowboyhut zu tragen, macht dich nicht zu einem Cowboy. Genauso wenig macht es dich zu einem Auto, wenn du in eine Garage gehst. Ein Tattoo macht dich nicht zu etwas, als das du nicht erschaffen wurdest.

***

Und auf keinen Fall sollte das Tattoo etwas sein, das Gott zurückweist!

***

Was soll ich tun, wenn ich ein gottloses oder gar gotteslästerliches Tattoo habe?

Kann ich mit gottlosen Tattoos Erlösung erlangen, gerettet werden und in den Himmel kommen?

Das Christentum zieht vor allem Menschen an, die Rettung suchen oder Rettung durch Christus erlebt haben. Die Menschen kommen zu Christus also samt ihrer Vergangenheit.

David schreibt in einem seiner Psalmen, die er in großer Bedrängnis verfasste:

Denn meine Missetaten schlagen mir über dem Haupt zusammen; wie eine schwere Last sind sie mir zu schwer geworden (erdrücken sie mich).

Christus antwortet auf die erdrückende Last der Menschen im **11. Kapitel** des ***Evangeliums nach Matthäus***:

Kommt zu mir, all ihr Geplagten und Beladenen: Ich will euch erquicken.
(Züricher)

Kommt her zu mir, alle ihr Mühseligen und Beladenen! Und ich werde euch Ruhe geben.
(Elberfelder)

Niemand ist unheilig oder verdammt, nur weil er seine Vergangenheit mitbringt und sich eventuell mit gottlosen Tattoos Schuld aufgeladen hat.

Die meisten Tattoos haben eine Geschichte. Zu der Zeit, als sie gestochen wurden, war es für diese Person das Richtige, auch wenn es heute, im Lichte Christi, nicht mehr das Richtige ist. Verurteile niemanden auf Grund seiner äußeren Erscheinung. Du weißt nicht, ob dieser Mensch nicht sogar auf Grund von Tätowierungen, die er heute trägt, leidet. Darum sei behutsam mit deinem Nächsten. Gott schaut in die Herzen. Das selbe sollten auch wir versuchen.

In **Matthäus 11, 15** lehrt Jesus:

Nicht was in den Mund hineingeht, macht den Menschen unrein, sondern was aus dem Mund herauskommt, das macht den Menschen unrein.

Es sind die Motive unseres Herzens, die uns zu Sündern machen. Wir jedoch sollten Jesus nachfolgen und in der Heiligkeit wandeln - also der Reinheit unserer Herzen - so der Missionsbefehl.
Wenn du also Jesus als deinen Herrn und Retter angenommen hast, bist du gerettet in Christus - egal, ob du ein Tattoo hast oder nicht.

Egal, ob du ein Tattoo bekommst oder nicht!

Jesus Christus ist größer als jedes Tattoo, jede Sünde, als Alles. Entscheidend ist, ob dein Gewissen vor Gott rein ist und du ihm jederzeit Antwort stehen könntest.

Jetzt, da du dir all dessen bewusst bist, solltest du jedoch nicht gegen dein Wissen und Ge-wissen handeln. Denn damit versündigst du dich wiederum.

Du hast also ein misslungenes, gottloses Tattoo?

Was ist ein gottloses Tattoo?

Ein Tattoo, dass dem Dunklen huldigt, dem Okkulten, dem Bösen, all dem, was nicht in Christus ist.

Neben den bereits Aufgezählten gehören dazu auch Motive der Hexerei, des Wicca, spirituelle Intentionen, Symbole des Todes, Maya Tattoos, Motive aus Naturreligionen und alles, was nicht Gott die Ehre gibt.

Wie kannst du damit umgehen?

1. Du kannst sie als sogenannte 'eroberte Flaggen' begreifen.

Was meine ich damit?

Wenn ein Land ein anderes eingenommen hat, dann nimmt es diesem Land die Flagge und hisst seine eigene. Dies sagt aus: Ich habe den Feind überwunden. Ich habe gesiegt!

Im *Brief an die Römer 8, 37 - 39* schreibt Paulus unmissverständlich:

Doch in all dem feiern wir den Sieg dank dem, der uns seine Liebe erwiesen hat. Denn ich bin mir gewiss: Weder Tod noch Leben, weder Engel noch Mächte, weder Gegenwärtiges noch Zukünftiges, noch Gewalten, weder Hohes noch Tiefes, noch irgendein anderes Geschöpf vermag uns zu scheiden von der Liebe Gottes, die in Christus Jesus ist, unserem Herrn.

Heute bin ich mehr als ein Überwinder; ich bin in Christus, und ich habe überwunden, denn er hat für mich überwunden. So hast du mit der Annahme Christi und der Entscheidung deiner Nachfolge auch deine dunklen Tattoos überwunden und bist nun Herr über sie - nicht mehr sie über dich.

2. Du kannst dein gottloses Tattoo covern lassen.

Bedenke, dass ein Cover Up immer größer und dunkler wird als das Tattoo, das du bereits hast. Es kann jedoch durchaus eine gute Möglichkeit sein, dein gottloses Tattoo loszuwerden.
Heutzutage gibt es hervorragende Tätowierer, die dir bei deinem Wunsch, aus deinem vorhandenen Tattoo etwas zu machen, was Gott die Ehre gibt, sicher behilflich sein können.

3. Es gibt die Möglichkeit einer Lasertherapie. Diese ist eine medizinische Prozedur, die nicht nur sehr schmerzvoll, sondern auch sehr teuer sein kann.

Hierzu habe ich ein Buch mit dem Titel 'Tattoo - Laser - Cover Up' geschrieben. Es ist ein Erfahrungsbericht eines Cover Ups mit vorangegangener Lasertherapie.

Durch die Lasertherapie werden die Farbpartikel in der Haut zerstört und dann vom Körper abgetragen und ausgeschieden.

Farbe lässt sich unter Umständen schwer bis gar nicht lasern und bleibt im Zweifelsfall in der Haut zurück, sodass der Überrest ohnehin gecovert werden sollte.

Dennoch können all diese Möglichkeiten, die dir offen stehen, Lösungen sein, um deine dunklen Tattoos in lichte zu verwandeln. Denn es ist leider auch eine Tatasche, dass dunkle Tattoos ein Einfallstor für Böses sein können. Zudem symbolisieren sie ständig uns und anderen, dass wir für das Böse, dunkle und gottlose stehen, auch wenn das längst nicht mehr der Fall ist oder vielleicht sogar nie der Fall war.

***

Niemand - absolut niemand von uns - ist perfekt und im biblischen Sinne ohne Fehl, ohne Sünde. Jeder hat seine Geschichte und jeder einzelne von uns kann nur nach bestem Wissen und Gewissen handeln und sein Bestes tun. Mehr geht nicht.

Doch wir dürfen in Christus Vergebung erfahren und unter seiner Gnade leben. Was für ein Geschenk! Was für eine Ehre! Welch ein Liebesbeweis! Darum, folge deinem Gewissen, der Liebe zu Gott und der Liebe zu deinem Nächsten.

Wenn du dir unsicher bist, dann gehe ins Gebet und überlasse die Entscheidung Gott.

***

Vergebung

Mache nun aber nicht den Fehler, dich selbst dafür zu verurteilen, aus heutiger Sicher früher falsch gehandelt zu haben. Oder auch dafür, dass du aus irgendwelchen Gründen eine Tätowierung hast, die einfach schlecht oder hässlich ist, und ganz sicher Gott nicht die Ehre gibt.

Es gibt eine sehr bekannte Geschichte im **Evangelium nach Johannes**, die im **8. Kapitel**, den **Versen 1 - 11** zu lesen ist:

Am frühen Morgen war er wieder im Tempel, und das ganze Volk kam zu ihm. Und er setzte sich und lehrte sie. Da bringen die Schriftgelehrten und die Pharisäer eine Frau, die beim Ehebruch ertappt worden ist, stellen sie in die Mitte und sagen zu ihm:
'Meister, diese Frau ist beim Ehebruch auf frischer Tat ertappt worden. Im Gesetz aber hat Mose uns vorgeschrieben, solche Frauen zu steinigen. Du nun, was sagst du dazu?'
Dies sagten sie, um ihn auf die Probe zu stellen, damit sie einen Grund hätten, ihn anzuklagen. Jesus aber bückte sich und schrieb mit dem Finger auf die Erde.
Als sie immer wieder fragten, richtete er sich auf und sagte zu ihnen: 'Wer unter euch ohne Sünde ist, werfe als Erster einen Stein auf sie!'
Und er bückte sich wieder und schrieb auf die Erde.
Sie aber hörten es und entfernten sich, einer nach dem anderen, die Ältesten voran, und er blieb allein zurück mit der Frau, die in der Mitte stand.

Jesus aber richtete sich auf und sagte zu ihr: 'Frau, wo sind sie? Hat keiner dich verurteilt?'
Sie sagte: 'Keiner, Herr.'
Da sprach Jesus: 'Auch ich verurteile dich nicht. Geh, und sündige von jetzt an nicht mehr!'

Laut Jesu Lehre sind uns alle Sünden und Übertretungen in Gott vergeben, wenn wir diese aufrichtig bekennen, bereuen und diese Sünden von nun an nicht mehr tun. Das gilt nicht nur für andere dir gegenüber - oder für dich anderen gegenüber - sondern auch für dich selbst dir selbst gegenüber. Bekenne, bereue und dann vergib dir - Gott hat es schon längst getan.

1. Johannes 1, 9

Wenn wir unsere Sünden bekennen, ist er treu und gerecht, dass er uns die Sünden vergibt und uns reinigt von jeder Ungerechtigkeit.

Andererseits möchte ich hingegen anmerken, dass Tätowierungen durchaus auch eine positive Wirkung auf dich und andere haben können. So können christliche Tattoos auch dazu anregen, über Christus nachzudenken und über die Bibel zu sprechen - was auch eine Perspektive der Betrachtung ist. Aus einem gottlosen Tattoo ein christliches Cover Up zu gestalten ist meiner Meinung nach nicht die schlechtest Lösung.

Schluss

Viel zu oft haben Menschen den 28. Vers aus dem 3. Buch Mose als Blanko-Bestätigung gegen das Tätowieren herangezogen. Wie dieses Buch gezeigt hat, ist das schlicht falsch.

Wenn man die Bibel liest, ist es immer sehr wichtig, den Zusammenhang, den Hintergrund, die Umstände und die Menschen zu verstehen, die etwas gesagt haben und zu denen es gesagt wurde.

Ein gutes Beispiel hierzu ist auch das Buch Hiob. In den Reden von den drei Freunden werden sehr viele Dinge gesagt, die Gott am Ende für Nichtig erklärt und praktisch widerruft; ja, Gott tadelt die Freunde sogar für ihre Aussagen. Es wird also erst, nachdem alle mit ihren großartigen Gedankenergüssen fertig waren klar, dass sie sich mit ihren Urteilen und Ansichten gegenüber Hiob und seiner Situation geirrt haben.

Nun - nimmt man Verse aus den Reden der Freunde, kann man auch sagen: Das steht in der Bibel. Tut es ja auch. Trotzdem sind diese Reden exemplarisch für eine falsche Haltung, die von Gott gerade *nicht* gewollt ist.

(3) Hinweise zur Auslegung

Die Gesetze des Alten Testaments waren niemals dazu gedacht, für alle Menschen zu allen Zeiten zu gelten. Weder die Verse der Bücher des Alten noch des Neuen Testaments sollten aus dem Zusammenhang gerissen allein für sich gedeutet und verstanden werden.

Am Ende des Lebens geht es für uns Christen ohnehin nicht darum, ob wir ein Tattoo hatten oder nicht, sondern ob wir eine aufrichtige, wahrhaftige und herzliche Beziehung zu Gott hatten. Darum kann ein Thema wie das einer Tätowierung auch eine Ablenkung vom Wesentlichen sein, nämlich davon, dass Du deinen Geist, deinen Verstand und dein Herz auf Jesus ausrichtest und ihn allein als Autorität über Dein Leben anerkennst. Denn am Ende aller Tage ist dies das einzige, was wirklich zählt.

Wenn du dich also fragst, was dich als Christ in deiner Nachfolge Jesu identifiziert, dann kann man sicher sagen: Es ist weder ein Tattoo, noch ein T-Shirt, noch eine Kette mit Kreuz oder sonst ein Accessoire - sondern es ist allein die Art und Weise, wie wir leben und wie wir mit anderen umgehen.

Alles, was ich von außen an meinen Körper anbringen kann, ist 'der einfache Weg' der Identifikation mit meinem Glauben. Der schwere Weg ist es, als ein Priester Gottes, ein Nachfolger Jesu, ein Kämpfer für Christus und als ein Kind des *Königs aller Könige* mein Leben zu leben.

Tätowierungen sind lediglich eine einmalige Entscheidung. Wie ein Christ zu leben ist dagegen eine Entscheidung, die ich jeden einzelnen Tag für den Rest meines Lebens immer wieder neu treffe. Es ist unsere Einstellung, unser Lebensstil und unsere Haltung zum Leben und zu anderen, die offenbart, ob wir tatsächlich und im Herzen in Christus wandeln oder nicht.

Nichts in deinem Leben sollte überdecken, dass du in allen Bereichen deines Lebens auf die Ehre Gottes hin lebst.

Bei allem, was du tust, sei dir gewiss, dass du nach deinem Leben einmal vor dem Höchsten stehen wirst.

Wirst du antworten können?

***

***

Anhang und Register

(1) Im Satanismus findet man die gleichen Praktiken, die auch in der Esoterik, dem Okkultismus und dem New Age zu finden sind. Zudem werden sie in der Bibel von sog. Götzendienem praktiziert. Der Unterschied zum Christentum besteht darin:
- einmal liegt die angebliche Erlösung in der Selbsterlösung, die nur durch eigene Anstrengungen erreicht werden kann;
- anders liegt die Rettung in dem Bekennen der eigenen Sünden und der Hinwendung zu Gott. Durch unsere Nachfolge Jesu leben wir unter der Gnade Christi und erfahren Vergebung. Ziel ist die Nächstenliebe, nicht die eigene Perfektion.

(2) Übersetzung nach Urtext:

Offenbarung 13

15 Und es wurde ihm gewährt, dem Bilde (sprich: dem Bild jener weltbeherrschenden Macht) des Tieres Odem / Geist zu geben, auf dass das Bild des Tieres (Medien) auch redete und bewirkte, dass alle getötet werden sollten, die das Bild nicht anbeteten (sich unterwarfen unter den Mainstream)
16 Und es bingt alle dahin, die Geringen und die Großen und die Reichen und die Armen und die Freien und die Untergebeben, dass sie ein Malzeichen (Charagma) annehmen an ihre recht Hand / Arm oder an ihre Stirn
17 und dass niemand kaufen oder verkaufen kann, als nur der, welcher das Malzeichen hat, das Onoma des Tieres oder die Zahl seines Namens
18 Hier ist die Weisheit. Wer Verständnis hat, bringe die Berechnung des Tieres (die 666-Arithmetik) in eine offizielle Abstimmung, denn es ist eine (bloss) menschliche Berechnung und seine Zahl ist 666.

siehe hierzu auch: 2000 Jahre alte Prophezeiungen enthüllt – Aufruf an alle Christen, Quelle: youtube.de

(3) Hierzu gibt es eine wunderbare Vers-für-Vers-Auslegung von Dr. Roger Liebi, zu finden online. www.rogerliebi.ch

Weitere Quellen und Lehrer:

Pastor Dan Gallagher, Mike Winger, Fr. Mike Schmitz, Pastor Jeremy Skinner, Joyce Meyer and Pastor Joe Ensley

***

Zur Autorin:

www.antonia-katharina.de

www.bolonka-zucht.de

www.light-in-time.com

www.tattoo-spirit.com

Youtube Kanäle:
Antonia Katharina
aus dem Alten Jagdhaus

Kirche des Friedens
im Alten Jagdhaus

***

Weitere Bücher von Antonia Katharina Tessnow

Die biblischen Bücher als Einzelausgabe im Großdruck

inklusive Übersetzungsalternativen aus unterschiedlichen Quellen

Warum Einzelausgaben der biblischen Bücher? Der Grund ist so einfach wie praktisch: Die Bibel hat auf Grund ihres vollen Umfangs, selbst bei großformatigen Ausgaben, zumeist eine sehr kleine Schrift und ist demnach entsprechend schwer zu lesen. Möchte man zudem die Bibel gerne mitnehmen, um unterwegs zu lesen, entscheidet man sich schnell dagegen, solch ein schweres Buch den ganzen Tag mit sich umherzutragen.

Einzelne Bücher der Bibel erlauben dagegen eine für die Augen angenehme Schriftgröße und erleichtern somit das Lesen erheblich. An Stelle eines umfangreichen, schweren Buches ist es nun möglich, einen Text Ihrer Wahl in leicht tragbarer Ausführung mitzunehmen. So kann die Bibel einfach unterwegs gelesen werden. Mit anderen Worten: Luther hat die Bibel zugänglich gemacht, diese Version macht sie mühelos lesbar. Zudem eignen sich die einzelnen Bücher hervorragend als Einstieg in die Bibel sowie als Geschenk; nicht nur für Menschen, welche die biblische Heilsbotschaft bereits erreicht hat, sondern auch für alle, die sich noch nicht an die Heilige Schrift heranwagten oder sich von dem Gesamtumfang der Bibel möglicherweise überfordert fühlen.

Die Botschaft der Bibel kann eine große Hilfe und Stütze sein, Zuversicht schenken, Hoffnung machen und uns trösten, gerade in einer Zeit, in der wir des Trosts so sehr bedürfen.

Wer den Weg nach Hause sucht, der soll wissen, dass er offen steht. Dieser Weg wird in der Heiligen Schrift gewiesen. Mit der Entscheidung, sich für die Botschaft der Bibel zu öffnen und diesen Weg zu gehen, haben unzählige Menschen seit Jahrhunderten ihr Heil gefunden. Und das bis zum heutigen Tag.

Übersetzung nach Martin Luther, 1545

Schriftsatz, Layout, Formatierung:
Antonia Katharina Tessnow

www.antonia-katharina.de

Die Tierliebe Jesu

*Christliche Inspirationen
aus dem
Evangelium des vollkommenen Lebens*

*Dieses Buch liegt
in deutscher und englischer Sprache vor*

Jesus Christus lehrte nicht nur die Liebe für unsere menschlichen Brüder und Schwestern, sondern auch für unsere treuen, liebevollen und empfindsamen Begleiter, die Tiere.

Die Auszüge aus dem Evangelium Jesu, auch bekannt unter dem Titel

'Das Evangelium des Ewigen Lebens'

gibt einen tiefen Einblick in das Gebot unseres Heilandes, unseren Brüdern und Schwestern, den Tieren, liebevoll zu begegnen und voll Mitgefühl mit ihnen umzugehen. Für jeden, der hofft, Orientierung zu finden sicheren Schrittes durch sein Leben zu gehen, lohnt es sich, sein Leben an den Lehren Jesu zu orientieren.

Ein kleiner Anhang gibt zudem ein paar Einblicke in die Philosophie anderer Religionen und Schriftsteller, die sich ebenfalls anrührend und klar zu ihrer Tierliebe bekennen.

Zeichen und Wunder in der Bibel

*Zeugnisse aus dem
Alten und Neuen Testament*

Jesus blickte sie an und sagte:
'Bei den Menschen ist es unmöglich,
nicht aber bei Gott;
denn bei Gott ist alles möglich.'

Markus 10, 27

***

Hier findet jeder Suchende eine vollständige Zusammenstellung aller Wunder aus der Bibel.

Möge dieses kleine Büchlein jedem Menschen Zuversicht, Hoffnung und den festen Glauben daran schenken, dass bei Gott tatsächlich alle Dinge möglich sind.

***

Ich danke dem HERRN
von ganzem Herzen
und verkünde alle deine Wunder.

Psalm 9, 2

Die Heilungswunder Jesu

Heilungswunder der Apostel

und eine Botschaft an die Gläubigen

Es gibt nun zwar verschiedene Arten von Gnadengaben, aber nur einen und denselben Geist; und es gibt verschiedene Arten von Dienstleistungen, doch nur einen und denselben Herrn; und es gibt verschiedene Arten von Kraftwirkungen, aber nur einen und denselben Gott, der alles in allen wirkt. Jedem wird aber die Offenbarung des Geistes zum allgemeinen Besten verliehen. So wird dem einen durch den Geist Weisheitsrede verliehen, einem andern Erkenntnisrede nach Maßgabe desselben Geistes, einem andern Glaube in demselben Geist, einem andern Heilungsgaben in dem einen Geiste, einem andern Verrichtung von Wundertaten, einem andern Weissagung, einem andern Unterscheidung der Geister, einem andern mancherlei Arten von Zungenreden, einem andern die Auslegung der Zungenreden. Dies alles wirkt aber ein und derselbe Geist, indem er jedem eine besondere Gabe zuteilt, wie er will.

1. Korinther 12, 4 - 11

Dienet einander, ein jeder mit der Gnadengabe, die er empfangen hat, als gute Verwalter der mannigfachen Gnadengaben Gottes!

1. Petrus 4, 10

Konnte Jesus wirklich heilen? Was ist seine Botschaft an uns? Wozu sind wir durch unser Bekenntnis zu ihm und unserer Nachfolge beauftragt? Dieses Buch ist eine Zusammenstellung unterschiedlicher Bibelverse, die Antworten auf diese Fragen geben.

Weißt Du,
was Du mit Dir trägst?

Eine Entscheidungshilfe
für Tattoo und Motiv

Was für Wirkungen auf Dich und welche Auswirkungen auf Dein Leben kann eine Tätowierung haben? Wie weitreichend können Veränderungen, wie tief Seelenschmerzen sein, die eine unbedachte Tätowierung möglicherweise mit sich bringt? Wie wichtig sind die Auswahl des Motivs und des Tätowierers?

Antonia Katharina Tessnow ging durch die dunkle Erfahrung einer vorschnellen Entscheidung und obendrein eines schlecht gestochenen Tattoos. Fast zwei Jahre ihres Lebens kostete sie die Wiederherstellung ihres Armes, für den sie sich täglich schämte. Ihre Leidensgeschichte beschrieb sie in dem ersten Teil des Buches 'Tattoo - Laser - Cover Up - Wenn der Traum zum Albtraum wird'. Für alle, die hoffentlich nicht vor dem Lasern und Covern stehen, sondern vor der einmaligen Entscheidung zu einer neuen Tätowierung, veröffentlicht sie nun den erweiterten und überarbeiteten zweiten Teil und bietet damit allen Tattoo-Freudigen einen Ratgeber und eine Entscheidungshilfe.

‚Frage Dich, was Du mit Dir tragen willst, bevor Du Dir mit einer falschen Entscheidung eine Bürde auflastest, die Du zu tragen nicht vermagst.'

Tattoo – Laser – Cover Up

Wenn der Traum zum Albtraum wird

Sowohl das Tätowieren als auch das Lasern ist nicht nur ein Eingriff in deinen Körper, sondern auch in deine Persönlichkeit und dem daran gekoppelten Gefühl, dir selbst gegenüber. Tätowieren verändert einen Menschen; mitunter hat diese Veränderung weitreichende Folgen und hinterlässt tiefe Spuren in deiner Seele. Festzustellen, dass dir das langersehnte Tattoo nicht gefällt oder gar misslungen ist, ist zudem eine schmerzliche Erfahrung, für die es wenig Helfende und Mitfühlende gibt.

Dieses Büchlein soll nicht nur eine Hilfestellung für Betroffene sein, sondern auch die Gedanken derer anregen, die mit der Idee spielen, sich unter die Nadel zu legen. Nicht nur meine eigenen Erfahrungen rund um das Thema Tattoo – Laser – Cover Up sind hier offengelegt, sondern es wurde auch ein Blick in all die Seelenschmerzen und inneren Qualen gewährt, die mit solchen Erfahrungen verbunden sind.

Jede Krise enthält eine Chance, weswegen die Chinesen dafür ein und dasselbe Wort verwenden. Die Chancen dieser Krise sind die daraus entsprungenen, weiterführenden und sehr hilfreichen Gedanken sowie all die wichtigen Überlegungen zum Tätowieren allgemein, die dir hoffentlich helfen mögen und die du unbedingt anstellen solltest, *bevor* du eine Entscheidung triffst, die dich in jedem Fall für dein Leben zeichnen wird.

Ebenfalls von der Autorin erhältlich:

Heilbehandlungen für Dich und Dein geliebtes Tier

*Erinnere Dich
an Deine verborgenen Fähigkeiten*

Bolonka Zwetna

*Von der Empfindsamkeit der Hundeseele
und der Liebe, die sie schenkt*

Kommunikation mit Tieren

ein Essay

Die Botschaft der Tiere

Der Weg zurück zu uns selbst

Ein Wegweiser durch unsere Zeit

Augen auf beim Welpenkauf

*Wissenswerte Tipps aus der Bolonka Zwetna
Hundezucht aus dem Alten Jagdhaus*

Der Hund -
Das unbekannte Wesen

Was Sie tun können,
damit Ihr Hunde Sie liebt

*Ein Leitfaden zur Eingewöhnung
des Hundes in ein neues Heim*

Celtic Spirit

*Eine Reise in die Tiefen
zeitloser keltischer Weisheit*

Madras

Zauber der Palmblätter

Dieses Buch
liegt in deutscher und englischer Fassung vor.

HAIR

Alles über alternative Haarpflege

Sternenstaub am Horizont
oder
Breakable - Zerbrechlich
der Fall

zwischen Selbstwert und Vernichtung

Breakable - Zerbrechlich

Der Skandalroman aus Mecklenburg

Nichts geschieht umsonst
auf dieser Welt
der Fall
Breakable - Zerbrechlich
die Anhänge

Stille Nacht, Heilige Nacht

Erinnerungen an einen Heiligen Abend
in den letzten Tagen des zweiten Weltkriegs

eine Kurzgeschichte

Diese Geschichte
liegt in deutscher und Englischer Fassung vor.

Winston

Eine Pferdebuch-Trilogie für Jugendliche

*Der große Sammelband
mit allen 3 Bänden*

Ein Fohlen erblickt die Welt

Die große Show

Nichts ist unmöglich

Copyright der Originalausgabe by

Antonia Katharina Tessnow

ALL RIGHTS RESERVED. No part of this book may be reproduced in any form or by any electronic or mechanical means including information storage and retrieval systems without permission in writing from the publisher, except by reviewers who may quote brief passages in a review.